自分「プレゼン」術【目次】

はじめに

想いが伝わらない。
企画が通らない。
自分のことが、どうも分かってもらえない。

就職を目前にした学生であっても、お客さんに新商品のプレゼンテーションをして是非とも買ってもらいたい営業マンであっても、会社の取締役会議で人事施策を提案する企画担当であっても、そんな想いにさいなまれることが、たびたびあるでしょう。明日の議会に条例を通さなければならない地方自治体の官僚であっても、所信表明をする総理大臣であっても、子供が転校する学校の先生に初めて自己紹介する主婦であっても、あるいは恋人を前に、今日こそプロポーズという大事な場面でも、人生の日常は、こういった「分かってもらえない」悔しさの連続ではないでしょうか。

にもかかわらず、日本の学校教育では、小中学校の義務教育課程を通して、自分の想いを相手にきちっと伝える技術、つまり「プレゼンテーションの技術」については、取りたてて教えることをしていません。

いったい、それはなぜなのか？

欧米では、小学校から自己表現《プレゼンテーション》と討論《ディベート》の訓練をする授業があり、いかにして、異なる価値観や宗教観をもった他人に、自分の想いを伝えるかというコミュニケーション技術を幼い頃から磨いています。実際に髪や目の色もそれぞれ違うし、同じキリスト教の流れであっても、プロテスタントとカトリックでは世界観が違う。おばあちゃんの代までたどれば、みな故郷が全く異なる文化背景をもった国だという〝他人同士〟の寄合所帯だからです。

日本には長い間、顔かたちも髪や目の色も似通っていることだし、「同じ釜の飯を食っている」仲間は、みな、同じような価値観、世界観をもち、人生観も含めて、語らずとも分かるものだという常識が支配していました。だから、男は沈黙を金とし、女は三歩下がって控えるのを美徳として、「プレゼンテーションする個人」などは、はしたないものだと教えられてきました。

「個人の時代」が叫ばれて久しいのに、相変わらず日本人のプレゼンテーション下手《ベタ》が治らないのは、なにも、あなた自身の資質に原因があるのではなく、こういった日本特有の教育環境に問題があったというわけです。

私がこの本の中で、これから講義をする「プレゼンテーションの技術」は、こういった「想いが上手く伝わらない」すべての個人を対象にしています。ですから、ここで扱うのは、電通や博報堂のプロ達が磨くような〝企画の演出法〟のようなノウハウではなく、むしろあなたのキャラクターの全体像をどうやって他人に分かってもらい、想いや企画を通りやすくするかというテーマです。

中学生や高校生くらいからでも分かるように「いかに自分を表現して他人と交わり、社会の中に居場所を作っていくか」という〝社会的な技術〟の教科書として描いたつもりです。

第１章

第一印象

——たった一枚の名刺から

印象に残る名刺

まず、机の上に、名刺のファイルを広げてごらんなさい。たくさんの氏名の羅列のなかで、会ったときの会話やその人となりを思い浮かべられる人は何人いますか？　あるいは、印象に残っている人の名刺にどんな特徴があるでしょうか？　次に、あなたの名刺をファイルに並べてみてください。その名刺は、あなたの素顔や持ち前のキャラクターを映し出しているでしょうか。

これまで、名刺は身分や所属を証明するものと、とらえられてきました。サラリーマンの武器であり、拠り所ともいわれてきました。しかし「肩書きで勝負する」時代は終わりました。

名刺に書いてある肩書き、課長だとか部長だとかいう役職はどんどん意味が薄れていきます。部長、課長という名称をすでに放棄していて、プロデューサー、プランニング・マネジャーなどと、自らの判断で勝手に名乗ってよいという会社も現れています。ある出版社では、採用時から「プロデューサー」として入社します。編集だけでなく、広告部でも販売部でもプロデューサー。どの職種でも、自分の企画・判断でクリエイティブな仕事をしてほしいという意図が、そこにはあります。

そもそも肩書きというのは、部長がどれぐらいエライか、本部長なら会社で何番目の人か、ある程度お互いに共通した概念がなければ成り立たない。今までは、たとえば金融機関の支店長といえば、絶大な信頼と地位があったわけですが、その、絶対に安全だといわれていた金融機関が崩壊したり、公務員や警察の不祥事が噴出している時代にあっては、共通しているはずの意味が薄れていきます。

企業人から企業内「個人」へ、組織の中でいかにして「自分自身」というものを出していくかということを考えるなら、名刺の表面には名前だけがあればいい。まず、表に個人名があって、裏に会社名や住所が書いてあれば、充分に個人としてのプレゼンテーションができる。会社から支給されるものはそれとして、もうひとつ別のものを持った方がいい。

ただ、あまりたくさんの名刺を持ち歩くのは愚かなことです。ぼくも二〇代のころは、いろんな仕事を兼務したりすることが格好いいような気がしていましたけど。たくさんの肩書きを持ち、たくさんの団体に属していたとしても、実際には「じゃあ、どこに電話したらいいんだい」ということになりかねません。それではかえって、個人がまったく見え

点字入りの名刺

なくなってしまう。

†メッセージのある点字の名刺

ぼくは、上の写真のような名刺をヨーロッパから帰国してからもう二〇〇〇枚ぐらい渡しています。これには点字が併記されているのですが、このような名刺は官庁の福祉関係のセクションの人と会ったときにもらったほかは、ぼく自身あまり見たことがない。しかもそれはパンチをして紙に凹凸を付ける方法だったから、インターネットのアドレスなど細かい字がつぶれてしまっていた。でも、ぼくの持っている名刺は透明な樹脂の点字が張り付いているもの。紙自体はフラットだから、点字と重なる文字もクリアに見える。

点字付きの名刺を渡すと、ほとんど九割がたの人が「あ、これ点字ですね」と反応します。これがコミュニケーションの糸口になるから、最初の会話で困ったことがない。ましてや、ぼくはJ＋care《ジェイケア》という介護関係のプロジェクトを筋ジストロフィーで重度の障害を持ちながらベンチャー企業の社長をしている春山満氏とやっていますから、その話もできる。

事情通の人は、点字付きの名刺を見て「これ高いでしょう」と言う。たしかにまだ点字併記が普及していない現在では、一枚あたり九〇円します。普通の名刺が一〇〇枚三〇〇〇円とすると約三倍のコストがかかります。この、三倍、あるいは一枚九〇円という値段が、本当に高いかどうかということを考えてほしいのです。

この名刺を渡して興味を持った人に、ぼくはあるストーリーを話します。それは、これを開発した人が何を目指しているかということ。彼は地方の図書館をまわって絵本を読む子どもたちに接するうち、目の不自由な子どもと目の見える子どもが別々の部屋で別の本を読んでいることに気が付いた。今までの点字加工では点字の下にある絵や文字はとても読みにくいため、点字専用の本をつくらざるを得ないからです。

そこで彼は、点字を張り付けるだけの、下の印刷に影響を及ぼさないような点字を開発した。これなら一冊の本を、目の見える子どもと見えない子どもが、一緒に並んで読むことができる。

ぼく自身、そういう志に非常に感銘を受けました。ぼくが手がけている医療や介護の問題とも関連がありますし、その志を応援するという意味も込めて、この名刺を使っているわけです。

このメッセージを九〇円の名刺にのせるとしたら、決して高くはないと思いませんか。ぼくは九〇円以上のインパクトを与えていると確信しています。

点字付きの名刺には、それだけで社会のバリアフリー化に無関心ではないというメッセージを込めることができます。持っている人に実際の裏付けがなければイヤミなだけですが、二次的な効果として「捨てられにくい」ということも事実です。

†たった一枚の名刺

ぼくは、この二〇年で一万回以上名刺交換をしていますが、インパクトのある名刺をもらったことは数えるほどしかありません。

その数少ない名刺のひとつが、名刺にあらかじめ罫線が引いてあって、その場でメッセージを入れてくれたもの。これは京都の男性にもらったものですが、そこに日付を入れてくれて「藤原さんと私のいちばん若い日」と書かれていた。カッコいいでしょ。

もっと驚いたのは、水彩画を趣味にしている女性からもらったもの。用意された名刺には名前しか書いていない。そこに携帯用のパレットと筆でサササッとある風景を描いて渡してくれるんです。

名刺をまったく持たない人もいます。その人は会談が終わると名刺大に切った和紙にその場で名前を書くのです。話の内容に合わせて、ときには自己紹介がわりに「今、ガーデニングに凝っています」とか「山羊座のB型です」とか一言入れて。もっと事務的な会合の場合には、ギャラの振込先をいきなり書いちゃう。どうかすれば嫌味な内容になりがちですが、短時間の出会いで相手を見極める技があるからできることです。

人間と人間の関係は、第一印象で作られるといってもいいでしょう。

その意味では二回目、三回目に会ったときに第一印象を越えるインパクトを与えるためには、最初の一〇倍、二〇倍のエネルギーがかかる。あるいは、一年くらいたって、もっと驚かそうと思うと一〇〇倍くらいたいへんです。

少々高価な名刺を作ったとしても、少しくらい労力を要したとしても、一番最初の出会いで印象を残せれば、結局コストは安くつくのです。

†ウィットのきいた名刺

ぼくは、この点字入りの名刺と永福町の自宅の住所が入った「永福美術館館長」の名刺

ハンバーガー・ミュージアムで撮ったプリクラを貼った名刺

を持っています。こちらのほうは名刺大のシールになっていて、自宅の住所を教えてもいいと判断した洒落のわかる人に渡しています。普通、名刺の裏は英訳になっているでしょう。日本人向けには裏面は必要じゃないので、そこにペタッと貼ってしまう。

写真をとったその場でシールがプリントされる小さなカメラもおもしろいかもしれません。まだ遊び道具ですが、そんなのを工夫すれば、もっと印象的な名刺ができます。

「すいません、ちょっといいですか」なんて、ツーショットの写真を撮って、それをその場で名刺に貼る。技術的には可能です。

ジョークのわかる人なら、プリクラを貼ったっていいんですよ。ぼくは新宿のアイランドタワーにあるマクドナルドの博物館でタダで撮れるプリクラを持ち歩いていますが、これを貼っておけば「ハンバーガー・ミュージアムがあるんですよ、知ってました？」と話もできる。名刺自体がコミュニケーション・ツールになるんです。

ときどき写真が印刷された名刺をもらうことがあるけれど、正面を向いた免許証のような写真では、ほとんど印象に残らない。「崩し」がないから営業っぽい匂いがプンプンして、むしろ逆効果です。

†名刺の騎士

最後に、名刺の出し方で印象がよくも悪くもなることを知っておいてください。よく名刺を持ったまま、人の顔も見ずに突っ込んでくる人がいるんです。新入社員研修などで必ず名刺の出し方を教わるんですが、これがいけない。これをぼくは「名刺の騎士」と呼んでいます。

新人研修では、まず「相手よりも早く名刺を出すこと」「相手の名刺は自分の名刺より高く両手で捧げ持つこと」などを教えます。本当にそんなことをやられると、実に気持ちが悪い。相手の顔をまったく見もしないから、こちらの準備ができていないのに突っ込んでくる。

コミュニケーションは挨拶が基本です。挨拶のあと、きちんと名前を名乗ること。「こんにちは。藤原です」と言って、微笑みを交わす。

これは、外国人の場合でも同じです。そのあとにようやく名刺を交換する。最も理想的なのは、挨拶のあと一通り話をして、必要があれば「じゃあ、連絡先を交換しておきましょうか」というパターン。欧米だとそういうスタイルが多いんです。もっとも近頃では、日本人が名刺交換から商談に入るというのがもう外人にも知られていますから、こちらが握手をしようと右手を出しているのに、向こうがさっと名刺を出してくるということもありますが。

それでも彼らは、日本人のように、名刺を

外国人に日本人の名前を覚えてもらう方法

名刺であまり工夫ができない人でも、外国人に名前を覚えてもらうよい方法がある。それは名前そのものの意味を語ること。赤石さんならレッド・ストーン。昔銅山があったところに先祖がいた、などということがわかれば（多少不確定要素があったとしても）楽しい話題になるだろう。とくに欧米の人は漢字に対する関心が高いし、世界人口の三分の一とか四分の一といわれている中国系の人々とコミュニケーションする場合にも、有効な方法だ。

今や世界的なタイヤメーカーとなったブリヂストンが、創業者の名字の〝石橋〟から付いた名前だということは広く知られている。また、知人のメールアドレスは「bird（バード）」で始まるが、彼の名前は鳥山という。ウィットを効かせた名前は覚えにくいメールアドレスなどでも効果を発揮する。

席順通りに並べて置いておくなんていうことはしません。手の中でちらっと見たかと思うとすぐ内ポケットにしまってしまう。ミーティングが進み、この人がキーマンだなと思ったら、もう一回名刺を見る。

「カズか。じゃ、俺はカズだけ覚えておこう」となるわけです。そうして初めて「カズ、あなたはこの問題についてどう思う?」と名指しで聞いてくる。こうなればもう勝ちです。価値がある人だと認めてくれたということです。

印象づけるということは、いかに相手に感動を与えるか、心を動かすか、ということにほかなりません。初対面のときの名刺ひとつといっても、おろそかにはできないのです。

アポイントなしに人に会う

†メッセージのある訪問

一般的な名刺の活用法として「配って歩く」ということがあります。相手が不在であろうとなかろうと訪問し、名刺を置いていく。新任の挨拶だったり新年の挨拶だったりするわけですが、これは一回や二回ではまったく無駄。ぼくは、むしろ悪い印象さえ持っています。

でも実は、ぼくもやるときがあります。書店へ行ったけれど店長はいない。しかし「藤原が来た」ということは印象づけたい、というような場合です。こんなときは肉筆のメッセージを入れることにしています。「本が減っているようですが、売れ行きはどうですか」という感じで。ポイントは、訪問の目的や相手の状況に合わせた肉筆の言葉です。赤いスタンプで「新任ご挨拶」などとペタンとやるのは言語道断。そんな名刺は一瞥をくれただ

プレゼントの効用

ぼくの家には小さい子どもがいる。そんなことはB銀行の担当者は百も承知。だったら何で手ぬぐいやタオルを持って来るの？

普通の営業センスがあれば、相手の気持ちをつかむために、子どもは非常に重要な情報として活用する。たとえば三人の子どもがいる家庭。ぼくがB銀行の営業マンだったら、キャラクターグッズをわざと一つだけ置いていく。

そして、ちょっと後についでの折りにでも電話でどうでした？ って聞く。「すごく人気あって、もうほんとに息子たちが争ってます」なんていったらしめたもの。「じゃああと二つ持っていきましょう」となる。そうしたらもう絶対家に入れてくれるわけ。残念ながら、今の銀行マンにそういう戦略性を全然感じない。

ぼくは、宅訪というのを結構やっていた時期がある。そういう時にも何歳ぐらいの子どもが何人いるかという情報は非常に重要視していた。手みやげなんて本人が喜ぶものはほとんどなくて、奥さんか子どもが喜んでくれればいい。

ちなみに安比高原のアイスクリームはミルク分がたっぷり入っていてすごくおいしいんですよ。これをドライアイスかなんかで詰めてぐわっと持っていく。こういうのは、本人が不在だったときに、奥さんが「主人がいないので受取れません」といっても、「アイスクリーム溶けちゃいますので持ってかえってもだめになっちゃうだけですから」というふうに一言押し返すだけで受取ってくれます。しかもアイスクリームは、子どもが喜ばないわけがない。

届いたばかりの野菜や季節の山菜というのもインパクトがあった。生鮮食料品を宅訪で直接届けると驚くし、土がからまっていたり、旬のものってあたたかみもある。それに、すぐ食べなきゃいけないものは、翌週訪ねていった時に、あれはおいしかったとか、まずかったとか、そういう話題に必ずなる。これが缶ビールかなんかだと倉庫へいっちゃったりしてどこから届いたやつかもわからない。お歳暮の時期に野菜を贈っていた時期があったけど、もらった人は、今度は何が来たかなとビックリ箱を開けるように楽しんでくれていた。

けで屑籠へポイと捨てられてしまうでしょう。肉筆でも「よろしくお願いします」ではスタンプと同じです。相手だけに向けたメッセージがなければ印象に残りません。

銀行の支店長が替わりましたといって、該当地域を回ることがあります。そういう時でもやっぱり名刺を置いて帰るのですが、名刺に一言肉筆があるかどうかで、全然印象が違う。しかし、たくさん回るからでしょうか、そういう肉筆のメッセージを入れて名刺を残した銀行関係者はほとんどいません。

彼らは〝個人〟としてメッセージを発信することがとても苦手なんですね。どぎつい表現をすれば、組織の長であっても、自分が一人の個人だということを意識して、たとえば「鈴木さん」「佐藤さん」として世の中に現れたことがないんではないかとすら思います。名刺を持って回るというせっかくの機会なのに、生かすどころかマイナスの作用しかもたらさない。個人としてのエネルギーを感じさせない打ち出し方を、あえて何故するのか。不思議だし、もったいないと思います。

セールスなど飛び込みで人に会うときの印象づけ

†継続が力になる臨界点

　新任挨拶のように、会ったことがない人に次々と名刺を置いていくことは、前項で言ったようにあまり意味がありません。しかしアポイントがなかなか取れないが、どうしても面談したい人もいるでしょう。会えない人に会う、というのはやっぱり営業の基本ですから。そんなときは、留守を承知でとりあえず何度も通うというのが日本的な商習慣のひとつです。

　このとき、何のメッセージもない名刺が置いてあるだけなら、マイナスイメージがどんどん増すだけ。しかし、個人に向けた味わいのあるメッセージが折々に書いてあるものであれば、ある種の蓄積効果がある。「根負けの臨界点」は人によっても違うでしょうが、半年、一年と続ければ必ず効果が現われます。そういう意味では下積みの量も大事です。

†相手の気持ちを察する

会えない人に会うもうひとつの方法としては、やはり丁寧な手続きというものがあります。

たいていの人は、面談しようと思った場合に電話でアポイントを取るでしょう。でも電話は相手の時間を容赦なく侵すもの。それに比べてより丁寧なのは、先に手紙を出すこと。肉筆の手紙が届いて、その手紙の最後に「来週でもちょっとお電話させて頂きます。その際にお時間が頂ければ」というようなことであれば、次の電話ですんなり受けてくれることが多い。これは営業の基本だと思うし、経験上も効果がありましたが、実践している人は意外に少ない。

不動産会社などは、日曜日の食事中などにいきなり自宅に電話をしてきます。電話を取る瞬間に「○○不動産ですが旦那様いらっしゃいますか」などといわれると、その時点で「この野郎!」という感じになってしまうわけです。「また売り込みか」とね。最初に肉筆の手紙なんかがきていれば、印象は全然違うのですが。

相手がいる時間は日曜日の七時から八時半までの間だとか、マニュアルになってるんでしょうが、手紙を先に届けておいて電話をかけてくるくらいのことはできるはずです。第一印象が最悪のなかで「いや、けっして売り込みじゃないんです」などと後から一生懸命言い訳しても、もう遅かりしです。

最近では、まったく見知らぬ人からEメールでアポイントを申し込まれるケースが増えています。どういう用件で会いたいのか、自分はどういうことに興味があるのか、参考になりそうな簡単な資料などが送られてくる。それでのちほど何時から何時までの間に電話を入れさせてくださいというメッセージがある。

Eメールは肉筆の暖かさという点では手紙に劣りますが、相手が読もうという態度でいるときに読めるという点では手紙と同じです。ファックスは相手側の紙を使った手紙なので相手を選ぶ必要があるかもしれませんが、電話よりはずっといい。とにかく手紙かEメールかファックスかを先行させてから、電話を入れるのがマナー。そうすればアポイントも格段に取りやすくなるでしょう。

コラム❶ 聞くことによって表現する

自分のことや自分の企画を喋ることだけがプレゼンテーションではありません。

よく面接の時に、人事担当者が会社や仕事の紹介をし、応募者が自分自身のこれまでの生活やキャリアについて一通り喋った後に「ところで、なにか質問はありませんか？」と聞かれることがあるでしょう。「とくにありません」と答えるか、人事担当がグッとくるような質問を「一つだけよろしいですか？」などといって問いかけていくチカラがあるかでは、評価に雲泥の開きができます。喋ることより、実は聞くことの方が、自分を端的に表現することがあるということです。

思い出してみてください。子供は聞くことによって、その子のキャラクターを強く感じさせてくれるでしょう。「ライオンと蜂はどっちが強いの？」「パンは粉からできてるんだったら、お父さんやぼくは何からできてるの？」「お母さんのお腹の中の赤ちゃん、ウンチやオシッコはどうなるの？」「牛乳は白いのに、どうしてオシッコになると黄色いの？」「人間って、ずっと、ずーっとすると、死ぬの？」「死んだらどうなるの？」……

企画のプレゼンテーションをするときでも聞き上手が大事。

相手が心の中でこのタイミングで喋りたいなと思っていることを引き出したり、問題だと感じていることを喋らせてあげること。喋ることによって何が課題なのかに気付くように、どんどん相手の考えを引き出すような質問をします。そうこうしているうちに、今まで気がつかなかった課題の本質的な部分の〝皮が剝がれて〟根っこが見えてくれば、もうプレゼンは九割終わっています。


「IT系の優秀な学生を是非採用したいんだけど」

『IT系って、どんな学生のことですか?』

「そうだなあ、やっぱり技術系で、電気電子系の学科で……」

『今は文系の学生でも、ホームページ持ってたり、LAN引けちゃったりしませんか?』

「ああ、そういえば息子も文系だけど、やってるねえ」

『クライアントに優れたIT系のシステムを提案することが仕事なんでしょう? 作りこむ技術はアウトソース(外注)できるとして、本当に欲しいのはプロデューサー的な人材ではないんですか?』

「そう、うちでいえば、鈴木君や佐藤君のように……ね」

『鈴木さんって技術系の方でしたっけ?』

「あっ、そうか。鈴木君も出身は経済学部、佐藤君は建築だって言ってたな」


……この後のプレゼンの推移は、ご想像にお任せします。

第２章

常に印象的な人であるために

——ファックスや年賀状から始まる「社交術」

†人と人の距離を縮める手書きファックス

前章では、初対面の人にアポイントを取るときに電話をいきなりかけるのではなく、手紙やファックスあるいはEメールで自己紹介や用件をアピールすべきだと述べました。

そのなかでも、手書きでインパクトのあるメッセージが伝わるという点では、手紙かファックスです。とくにファックスは、スピードが要求されるビジネスシーンにおいて、最適なツールだと思います。ここでは一歩進めて、ファックスだからこそ効果が発揮できる使い方を考えてみましょう。

ぼくは物書きとしては新人です。すでに名前の売れている作家の本は別として、普通新人の本はなかなか書店に置いてもらえません。書店に置いていなければ売れるはずがありませんから、ぼくは書店を徹底的に回ることにしました。まず、最初の本の初刷りが出た時に半年でのべ三〇〇店。ただし数を単に増やすのではなくて、約三〇店に絞り込み、だいたい一〇回以上通いました。何回も通えばその期間は本は置いてくれるものですが、でも書店回りばかりやる時間もない。そこで会っていない期間でも、さらにぼくの本を印象づけるために、ファックス通信をすることにしたんです。最初は二〇人ぐらいに送っていましたが、今では売場の責任者レベルの人に五〇〜六〇人、さらにマスコミの関係者などで約一〇〇人ほどにファックスを送っています。

もう一二号を数えました。ぼくは宛名も手で書いています。ファックスに宛先を記憶させておくと自動的に紙の端に書き込んでくれる機能などがありますが、ぼくは一回一回名刺を見ながら全部手書きで宛名を書いています。

そうすると面白い現象が起きてきます。最初はたとえば「銀座書店梅田様」というように書くでしょう。ところが何回も送信しているうちに、自然と「梅田様」になってくる。直接会っているのは二回か三回でも、一〇回もファックスを送り続ければ、ある意味でコミュニケーションが深まってくるんです。個人的な知り合いではないのですが、宛先名から社名と肩書きが自然に取れてくる。そうなってくると、たとえ数か月ぶりに書店で会ったとしても「やあやあ、この間はどうも?」という感じになるでしょう。ファックスは一方通行で片思いなのですが、距離感が縮まるんです。きちんと伝わるんですね。

†相手が欲する情報を一枚にまとめる

それでは、メッセージがきちんと伝わるファックスの作り方を考えてみましょう。

最近では、パソコンやワープロの機能がずいぶん使いやすくなっています。複雑なレイアウトもこなすし、美しいレタリング文字も簡単に書くことができます。だから、手書き

手作りのファックス通信

「この一冊から、
教育ビッグバンが始まる。」
―――― 坂村健

ネット社会を
生き抜くチカラ

情報編集力

藤原和博著
定価(本体価格1500円＋税)
筑摩書房刊

1600万人の小・中・高校生が、年間100時間以上も教科書を使わない
「総合学習」や「情報学習」に取り組み始める。
“学力”ではなく“情報編集力”で人生がガラッと変わる時代の始まりだ。
この本には情報を作り出す側になり、
ネット社会を豊かに生きる秘密が隠されている。

著者・藤原和博
1955年生まれ。78年東京大学経済学部卒業後、リクルート入社。93～94年ロンドン大学ビジネス・スクール客員研究員、96年より年俸契約の「フェロー」として独立。教育分野では『父生術』で新しい時代の父性のあり方を問う一方、身近な話題からシミュレーションゲームやロールプレイングゲームのように語り起こす、新しいタイプの社会の教科書［よのなか］と［ルール］を、中学・高校生向けに発表し話題に。現在は、21世紀に生きる子どもたちに一番必要な“生きるチカラ”とは「情報編集力」であるという信念のもとに、コンピュータとネットワークを楽しく使って、小中学生の総合学習を豊かで立体的なものにする「シーホースベイ・プロジェクト」に取り組んでいる。著書に『処生術』(新潮社)、『父生術』(日本経済新聞社)、宮台真司氏との共著『人生の教科書［よのなか］』、『人生の教科書［ルール］』(筑摩書房)ほか。

▼お近くの書店さんでお求め下さい。

藤原和博著
情報編集力
筑摩書房　定価(本体価格 1,500 円＋税)
ISBN4-480-86325-7

お名前
ご住所
お電話番号

◆申込書店

パソコンで作ったファックス通信

より数段美しく仕上がるでしょう。でも、三四ページのぼくのファックス通信と、きれいに清書された三五ページのファックス通信を見比べてみてください。どちらがインパクトがあるかというと、絶対手書きだと思いませんか？　ぼくは手書き文字の原稿を中心に、新聞の切り抜きや書名のコピーをハサミで切って、貼り合わせたりして全部自分の手で作っています。

なぜ、そんな面倒なことをするのか――。それは、ワープロから出力された文字の羅列だけではメッセージが伝わらないから。書店のファックスには、毎日のように注文用紙だとか、新刊の案内、売り上げの集計などが流れてきます。そのなかで、まず印象に残るファックスを送らなければ目に止めてもらえません。最初のファックスは、わけのわからないダイレクトメールのようなものです。その印象をどうやったら変えられるか、回数を重ねるたびに親近感を持ってもらうためには、どうすればいいかを考えてみましょう。

どんな大型書店でも、小さな町の本屋さんでも、本が売れなければ商売になりません。したがって売れそうな本に多くのスペースを割《さ》く。ですから「この本は絶対売れるから置いてほしい」というメッセージを込めた内容にしなければなりません。そこでぼくは、他の書店でどういう評判になっているか、読者の反応はどうか、今度テレビで取り上げられるんですよ、という情報を、基本的には一回にひとつのメッセージにして掲載しました。

たとえば、売れるのには理由があるというメッセージ、話題になってるというメッセージ、読者からも好反応というメッセージ、テレビに出るというメッセージ、朝日新聞の書評で取り上げられたというメッセージ……。材料はごちゃごちゃとたくさん仕込んであっても、テーマをひとつに絞ることが大切です。

実は、送られたほうは、中身などそれほど詳しく読まない。ザッと目を通して「アッ、すごくいろんな感想が寄せられたり、話題になってるな」と、その程度の印象が残れば充分です。

この程度の切り貼りを「編集力」といえるかどうかはわかりませんが、A4かB4の紙にちょちょっとレイアウトして手紙とともに送るぐらいの技術は、やっぱり磨いておいた方がいい。

†ビジュアルの構成方法

連続して情報を提供する場合、受け手が「アッ、また来た」と思ってくれなければ意味がありません。そんな紙面構成にはちょっとしたコツがあります。まず送り手が絶対に崩してはいけないフォーマットを決めること。全体としては「手書きのゴチャッとしたイメージで作る」ことに決めたのですが、ポイントは、『処生術』と書いたタイトル部分のレイアウトです。これを崩さないことで、内容の違うファックスが来ても、「アッ、この間も来ていたな」とか「続きだな」と感じさせることができる。たとえ別のタイトルの本が出版されましたよ、というお知らせでも、このタイトルをずっと使うことで『処生術』の藤原」ということが、定着してくる。

ひとつのスタイルを作り出すのはビジュアルです。中身より、まず全体のビジュアルイメージが大切なのです。そしてそれをずっと続けること。

†電話や面談以上の効果

もし、前掲の手作りのファックスと同様のことを言葉で説明するとしたら、すごく煩雑ですよね。たとえば、この本は実は三部作で、

接待の後のひとこと

ファックスのいいところは、相手の都合のよいときに読んでもらえるという点だ。また手紙ほど重い感じがしないので、「それほど正式な挨拶はいらないけど、ひとこと言うべき」というような場合に効果を発揮する。

フランスから来日していた駐在員が帰国するとき、スタッフで送別会を開いたことがある。いつも机を並べていたので礼などいらないのだが、帰国してすぐファックスが来た。無事に到着したこと、送別会が盛り上がって嬉しかったことなどが、ホンの二言、三言並べてあるだけだったが、彼の人柄が出ていて嬉しかったのを覚えている。

接待や飲み会の翌日、二日酔いの早朝に電話などこようものなら、内容が前夜の礼だったとしても迷惑な話だ。その点ファックスならくどくどと挨拶を繰り返す必要もない。時差を気にしてタイミングをはずすという心配もいらない。

第一作が『処生術』。六月五日には新しい家族の姿を描いた第二作の『父生術』という本が日本経済新聞社から出ています。七月二二日に発売されたのが第三作めで、新潮社の『エネルギーを奪う仕事、もらう仕事』という仕事論です。……といった具合に。

こんなふうに言葉を並べても、頭に残らない。それがビジュアルでプレゼンテーションされれば、一瞥で趣旨がわかる。喋って宣伝するより、嫌味がない分、効果的でもある。しかもファックスだからヒマなときに目を通すとか、捨ててしまうという選択肢が受け手に残る。こちらとしても、何度も電話をして本人を捕まえるよりはるかに効率的です。

†挨拶状にも個性を出そう

会社のデスクに毎日のように置かれるレター。その中で、よく、白い厚紙の左右に退任する人と就任する人が並んでいるような挨拶状があるでしょう。もう、あんなものはやめたほうがいい。就任の挨拶でも、出版のお知らせでも、事務所移転の連絡でも、まず時候のあいさつがきて、最後に「よろしくご指導ください」というパターン。こういう挨拶状は、ちっとも印象に残らない。これからは、もっと味わいのある挨拶状をつくるべきだと思います。個人の顔が見える挨拶状です。

ぼくは絵が好きだから、比較的早い時期から自分の描いた水彩画を印刷してハガキにし

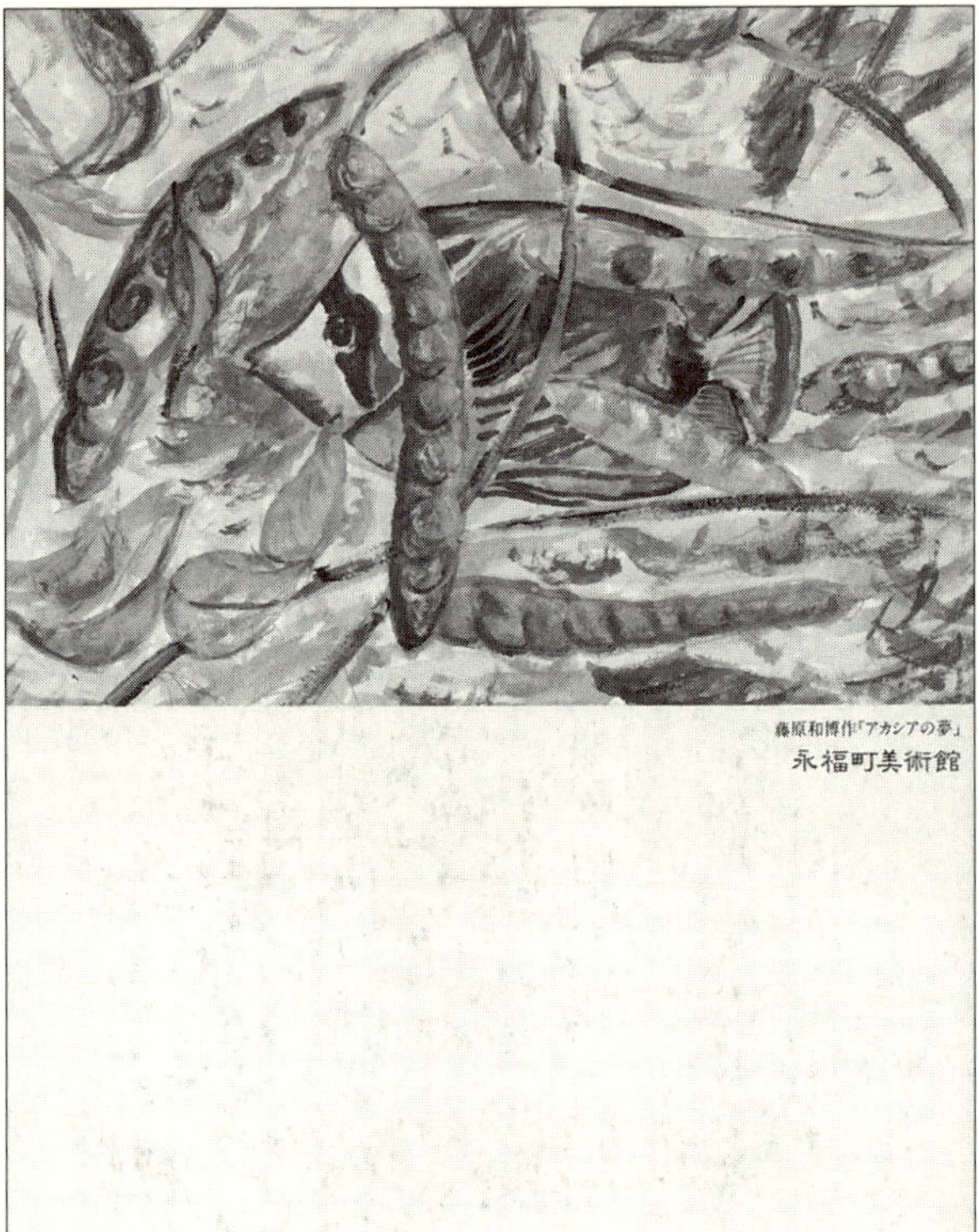

挨拶状用に印刷した自作のハガキ

ていました。題材は旅行先の印象だったり、季節のものだったり。もちろんカラー印刷にすればそのぶん印刷代が高く付くし、普通のハガキより少しサイズが大きいため、ハガキなら五〇円のところ、一二〇円切手を貼らなければなりません。この七〇円＋αの追加出費を高いと思うかどうか。ぼくは、高いとは思いません。投資すべき額だと思う。

このハガキには、作者（つまりぼくですが）の氏名と制作年、絵の題名、それに収蔵してある美術館の名前もそれらしく入っています。美術館といっても、実はぼくの自宅。好きな画家の絵や自分の絵を並べて、勝鬨《かちどき》に住んでいるときは「かちどき美術館」、今は「永福町美術館」というふうに名乗っているだけです。でも、美術館館長としての名刺やこのようなハガキを制作すると、なんか本当らしくなるじゃないですか。

このハガキを季節の節目や仕事の折々に配っていると、ときどき「ああ、こういう趣味があるんですか」「この美術館はどこにあるんですか？」「こんど是非寄らせてください」などと聞いてくる人も出てきます。そこにコミュニケーションが生まれる。

†出版記念の案内状

ぼくは仕事柄出版記念パーティーによく呼ばれます。著者自身がごちそうしてくれるなら話はわかるのですが、普通は招待された客の方が会費を払わされて、あまりおいしくない料理が出て、下手するとおみやげがその本だったり、もっとすごい場合には、その本を買わされる。そんなことをして、来てくれた人は感動してくれるでしょうか。よい印象を持ってくれるでしょうか。

ぼくは、処女作の『処生術』を新潮社から出したとき、「謹呈」とかいう短冊を付けて出版社から知人に本を送りつけるということもしませんでした。だって、もらったほうはまるで「読め」って言われているようで、不愉快。欲しけりゃ自分で買うでしょう。

本なんていうのは、買ってはじめて価値が出る。タダで送ってくれたものを読んで多少なりとも参考になったとしても、それは三〇〇円の価値かもしれない。一二〇〇円なり、一五〇〇円の価値は、自分で買ってみないと生まれない。

ぼくは、出版記念パーティーのかわりに、みなさんの負担を著しく省力化し、ぼくにとっても嬉しい、非常に新しい出版記念パーティーの案内状を考えました。この挨拶状を例に、伝えたいことをどう表現すればいいか、考えてみましょう。文面を気に入ってくれて、本当に本を一〇冊買ってくれた人もいました。会社の経費云々のくだりは、いってみればジョークですが。

この場合伝えたいことは、「とにかく本を読んでほしい」ということ。だから、まず「書名」が一番大きく書いてある。もし、システム手帳かなんかに挟んでいてもらえれば、

Merry Christmas & A Happy New Year !
世界初の分散ネットワーク型出版記念パーティーへご招待いたします。

構想5年いよいよ新潮社から12月10日藤原和博のデビュー作「処生術」(しょせいじゅつ)が店頭に並びます。「ソフィーの世界」よりも哲学的で「冠婚葬祭入門」より日常の役に立つヘンな本です。

つきましては会場を借り切って忙しい皆様にお集まりいただくのも恐縮なのでそれぞれに書店にて本をお買い求めいただき家でオフィスで電車の中で15分程目を通していただくことでパーティーに代えたいと存じます。会費は1260円也潰す時間も10分の1で済みます。

なお会社の経費が使える諸先輩の方々には10口10冊ほど資料費でお買い求め頂き３０歳前後の後輩に配ると効果的です。サラッと目を通されましたら本に直接感想や意見を書き込み、サインした上で次の方に回してください。本棚に入っていては資源の無駄遣いですから。

読んでつまらなかった方には1260円お返しします。下記のE-mailに振り込み口座番号と被害額を送信して下さい。

With LOVE from 藤原和博

Curio(株)きゅりお　168 杉並区永福X-X-X　Tel(XXXX)XXXX
Voice-mail(XXXX)XXXX　Fax(XXXX)XXXX　E-mail:

『処生術』出版の挨拶状

何かのおりに書店に立ち寄ったとき、「そういえばあいつ、何か本を出したって言ってたな、なんて本だっけ」とすぐ取り出して書名が確認できる。本屋さんのレジで「これください」って差し出してもいい。ところが、肝心の書名が小さな字で、文章のどこに書いてあるかわからないような状態だったら、探すのもめんどくさくなっちゃうわけです。伝えたいことを目立たせるというのは、プレゼンテーションの基本です。挨拶状のような日常的なことでも、常に伝えたいことを意識していることが重要で、それができているケースは案外少ないものです。

デザインも重要。白では目立たないからクリーム色の紙を使いました。角を丸くし、印刷の色も黒一色だと喪中のようだから、少しだけ〝金色〟を使いました。とにかく手にとってもらえなければ始まりませんから。

文章を読んでみると、かなり失礼な書き方をしています。人によっては不愉快に感じるかもしれませんが、紙一重、ギリギリのところで勝負しているわけです。

コミュニケーションというのは、結局そういうものだと思います。これで怒ってもいいよ、と。「もう、藤原とは二度と付き合わないぞ」という人もいるかもしれませんが、あえて割り切って、ウィットのわかる人にだけわかってもらう努力をする。

プレゼンテーションでは、ここのところがポイントになります。相手とこちらのキャラクターのギリギリのところで成立するんです。驚かそうとか、心を動かそうとしたときに、たまたま相手の体調が悪かったり、葬式の後で笑う気持ちになれなかったりすることもある。いろんな事情は当然変化する。プレゼンテーションそのものがある意味で投資ですから、投資にはリスクが伴うものです。怒らせるかもしれないけれど、ギリギリのところで笑いが取れたら、あるいは感動させることができたら、効果は抜群です。

この手紙は総じて評判が良かったのですが、怒った人は連絡してこないということも考えられます。何年かたつと、何となく疎遠になる人も出てきて、結果はこれからというところでしょうか。

プレゼンテーションは、強烈であればあるほど、たとえば二〇人にガッと受けたら、別の二〇人には、ソッポを向かれる。

リスクが生じるのが嫌ならば、プレゼンテーションなんかしないほうがいい。

†味わいのある年賀状

今年は二〇〇〇年ということで、年賀状がずいぶん売れたようです。さて、お正月明けにあなたのデスクには何枚の年賀状が積まれていましたか？　二〇〇枚の人も三〇枚の人も、七割はチラッと見ただけでゴミ箱へ直行してしまうような意味のないものではなかったでしょうか。

そんな個人的なメッセージのない挨拶状、とりわけ年賀状は、もう出さない方がいい。そうすれば、年賀状を書く人、読む人、双方の労力と時間がセーブできます。そのぶん、きちんとしたメッセージを書いてくれた人に、じっくり返事を書く時間がかけられる。つまり、コミュニケーションを深める時間に当てることができる。

ぼくは、ただ年賀状をやめましょう、と反対運動をしているわけじゃなくて、だいじな時間を、本来もっと関係を深めたいと思う人とのコミュニケーションを豊かにするために使おうということです。

ここでは、印象に残る年賀状とはどういうものか考えてみましょう。

仕事の関係で出す年賀状に、会社で作ったハガキを使う人は多いと思います。会社のロゴマーク入りの、名前だけをゴム印でスタンプすればいいものなどですね。ぼくの部署でももちろんそういう年賀状が用意されていましたが、ぼくは自分で作った年賀状を使っていました。会社から支給されたものなら印刷代や切手代は会社持ちです。文面やデザインを考える手間もかからないでしょう。一方で、オリジナルのハガキを作ろうと思えば、そういった負担が自分自身にかかってくる。

あとでわかったことですが、オリジナルの年賀状はとても効果がありました。ある時期、凧上げに凝っていたことがあります。凧といっても洋凧、いわゆるカイト。これを外国で揚げようと思いついたんです。

これは大変楽しい体験でした。ある年は万里の長城で揚げたのですが、なんせ風が強い。で、凧糸が切れてしまって紅衛兵の頭の上に落っこちた。まだ開放政策という言葉もない時代です。大騒ぎにはなるし、怒られるかと思ってビクビクしていたのですが、その人はとてもいい人で「まあ、いいよ、いいよ」といってくれた。

次はエジプトです。ここではピラミッドの前で揚げました。ラクダ引きのおじさんが興味深そうにこっちを見ている。どうやらエジプトでは凧が珍しいらしくて、ついにラクダ一匹と交換してくれるという。ラクダをもらっても仕方がありませんから、結局ツアーの参加者全員をタダでラクダに乗せてもらって、一人ずつポコポコ散歩しました。

こういった体験を年賀状に託して写真付きで送ったのです。エジプトの次が南米はペルーのマチュピチュで、最後がオーストラリア。これで五大陸征覇です。

当時、こういった年賀状をやりとりしていたシステム部長とか電算部長から、何度も「まだ凧上げやってるの」と聞かれました。五年ぐらいたって久しぶりに再会した人からも言われました。

ちょっとお酒を飲んだ席で「あなたの年賀状だけとってある」といわれたこともありま

す。これは嬉しかった。そう言ってもらえれば、こちらもまた驚かしてやろう、とアイディアを練る。コミュニケーションって、そういったゲームの要素があるんです。

†写真入りの年賀状

もうひとつ例を挙げましょう。オリジナルな年賀状で多いのは、子どもの写真をプリントしたハガキです。「何が楽しくて他人の子どもの顔を見なくちゃならないんだ」という意見もあるでしょうが、つまり報告したいんです。実はぼくも、長男が生まれてすぐの頃にはやりました。

そもそも、写真付きのハガキが氾濫した原因のひとつは、街のDPE屋さんが手軽にハガキを作ってくれるようになったからです。少ない枚数でもそれほど割高にならないというのがひとつのウリなのですが、残念ながら何種類かのパターンしかない。つまり、オリジナルな部分は写真だけです。キャラクターの絵がチョコッと付いていたりするところも、みんな同じになってしまうでしょ。これではオリジナルなハガキを作ろうとしているのに、逆に個性のないものになっちゃう。

「子どもの写真」を見せたいというのはまったく発信人の思い込みですが、そのなかでもいろいろ工夫はできるものです。

ぼくは、一九八九年に長男が生まれたんですが、一歳ぐらいのときに、リクルートの部長として、通信の世界で活躍されているシステム部長とか事業部長などに出す会社からの年賀状に子どもの写真を使いました。ちょうどリクルート事件の直後です。そこで、「もう一度新人からやり直します」というようなメッセージをつけました。

これも評判がよかった。写真自体にメッセージがあるからです。年が明けて、会社のデスクに山積みになっている年賀状というのは、どれも会社が作った印刷ものです。ダイレクトメールのようにごみ箱に直行してしまうものもあれば、ちょっと取っておかれるものもあるでしょう。一枚の年賀状を眺めている時間など、せいぜい数秒です。そこに、ポーンと赤ん坊の写真があったら、逆にすごく目立ちます。いかに長い時間手にとってもらえるか、覚えておいてもらえるか、ちょっと想像してみて下さい。

別に、子どもの写真が悪いわけではないんです。小さなハガキにどんな物語を乗せるか。何を伝えるか。たくさんの年賀状の中でいかにプレゼンするか。そこに工夫の余地はたくさんある。

†時期をはずした年賀状

今年来た年賀状は、とりわけパソコンで作ったハガキが増えました。パソコンの価格が安くなって性能もアップしたから、ちょっと心得があれば誰でも印刷ものかと思わせるほどの美しい年賀状が作れます。でも、絵も下手でデザインセンスも皆無、おまけに面倒くさがりという友人は、次のような方法で毎年の年賀状を印象づけています。

年賀状の大半は、一月一日ないしは初出社の日に届くものです。しかし、何しろ大量に積まれているわけですから、その中で目立つのは至難の業。そこで彼は、わざわざその日をはずして、一〇日すぎに送っています。最初は、年内は忙しくてとても年賀状を書けないという事情だったようですが、毎年毎年一〇日ぐらいに届くとなると、それはそれで楽しみになるものです。

二月の一四日にみんなチョコレートを配るでしょう。チョコレートなんか、一五日になると値段が半分以下になる。発想を少し変えて、一日、二日届けるのが遅れたフリして、安くなってからメッセージ付きで届けた方が効果的なんです。

最繁時という言い方があります。もともとは通信の用語で、電話が一番混む時間、たとえば九時から一〇時とか、五時から六時とかを指します。一日のうちの三割から五割が集中するような時間帯に電話をしても、迷惑なだけかもしれません。会社でも同じです。最繁時をはずして、いかに印象づけるかということが、この場合の例です。

彼が工夫しているのは日にちだけではありません。普通、年賀状というと絵や写真、あるいは図案化された文字がメインです。でもそのハガキはワープロの文字で、ぎっしり文章が連ねてあります。カラフルなわけでも、工夫を凝らしているわけでもないのですが、文字がぎっしりというだけで「年賀状」としてはインパクトがあります。書いてあることはいわゆる所信表明演説で、一見するとおもしろくもなんともない。でもその中に「娘が中学生になったので、今年は学校について考えたい」とか、「趣味のフルートで小さなコンサートをやるつもりだ」というようなことが書いてあって、彼の家族構成とか趣味がなんとなくわかるような仕掛けになっている。「こんなこと考えていたんだ」「いかつい顔に似合わずフルートなんて吹けるんだ」と驚かせてくれるわけです。

Eメールの効用

Eメールは相手の都合におかまいなしに侵入してくる電話と違って、受け手の都合のいいときに読めるという利点がある。同じ機能のあるファックスは誰でも読めてしまうが、Eメールならよりパーソナルなコミュニケーションがとれる。

Eメールは超機能的なツールだが、Eメールで書いた文章には感情的な文章がわりと似合う。画面上で正直に「いただいたメロンすっごくおいしかったです」と表示されていても素直に伝わる。逆に手紙で改めて書かれていると、すごくわざとらしくなってしまう。不思議なことに、Eメールだと嫌味がない。機能的で非常にドライなツールなのだが、感情をふっと吐露しても通る。これは、今までにない感覚で、使い方によってはおもしろいコミュニケーションがとれると思う。

たとえば会社の上司に怒られたとき、目の前で怒鳴られていると素直に謝りにくいし、怒っているほうも感情的になりがち。文書だと正式な抗議という感じがして、とても円滑な人間関係が作れないだろう。そんなとき、「お前昨日はだめじゃないか、おれも困っちゃったよ」というふうにメールが届けば、「実はこういうつもりだったんですけど、ごめんなさい」って、素直に返信できる。LANのはしりの頃は、ひとりひとりにパソコンもなかったけれど、いまではキーボードアレルギーの象徴のようにいわれていたオジサンも、そんな使い方をしている。部下は隣にいるんだから、言葉で伝えればいいようなものだが、実際にはずっとコミュニケーションが深まることがある。

手紙には手紙の文法があり、良さがある。電話には電話の利点がある。でも、電話でも手紙でも伝えにくい、面と向かうと言いにくい感情的な表現を伝えるメディアは不足している。もしかしたら、その隙間をEメールが埋めてくれるのかもしれない。

Eメールを日常的なコミュニケーション・ツールとして使いこなしている女子高生などを中心に、一時期いろんな符号がはやっていた。限られた文字と記号を使って、泣き顔を描いて悲しみや謝罪を表したり、笑顔で嬉しさ、困った顔で疑問とか。これらは、手書き文字や肉声と、コンピュータ文書の隙間を埋める、新しい表現技術だといえる。

自宅接待のススメ

この項では、接待に関して、「料理屋でメシを食って、バーで一杯飲んで」というお決まりの方法からいかに抜け出すかという提案をしましょう。

†印象に残る接待

ぼくは、昔、勝鬨《かちどき》のマンションに住んでいました。2DK(五〇平方メートル)ですから格別広いというわけでもない。ここに引っ越したとき、はじめから人をもてなすつもりで、何ができるか考えました。五五ページの写真を見ていただければわかるとおり、ベランダ側には勝鬨橋があって、隅田川の向こうは、銀座の街並や東京タワーが見える。夜になるとどれぐらいきれいかは想像に難くないでしょう。このベランダは、洗濯物がやっと干せるぐらいの狭いスペースしかないのですが、その物干し竿を支えるところに、板を渡してカウンターを作った。東急ハンズで買ってきた板に自分でニスを塗って。ハイチェアも四つぐらい並べてバーにしたんです。

接待に慣れている人は、どこに連れていっても、たいして感動してくれません。だから、接待＝どこかに連れ出す、という発想ではインパクトのある演出はできません。独身の人でないと難しいかもしれませんが、家だからこそできる接待をして、印象を強めることはできる。

接待の演出といっても、飾りたてたり、豪華な料理を用意しなくていい。たとえば、焼き鳥やお好み焼きなんかを近所で買って、家にはビールなどの飲み物を用意しておく。

勝鬨のマンションでは、よく夕方五時半ぐらいに招待していました。通常は、接待だと七時とか暗くなってからでしょう。五時半と提案すると「エッ、なんで」とまず驚きます。何があるんだろうという期待もある。五時半だとまだ明るいですから、だんだん暮れてきて、ネオンがポツポツ灯されてきたり、高層ビルの赤色灯が点滅を始めたりしてきれいなんです。

もうひとつは、夜になってから連れてくるパターンです。あらかじめカーテンを締めておいて、ちょっと部屋で飲む。頃合を見て「『かちどき美術館』の最高傑作はこれです」なんて言ってカーテンをパッと開く。当時は、一〇時頃に東京タワーのライトアップが消えたんですが、その瞬間をカウントダウンして、「ハイ、手品です。消えろ!!」なんて。

自宅のベランダにしつらえたバーカウンター〈雑誌「SPA!」（扶桑社）より〉

もちろん、これは隅田川を眼下にできるようなロケーションがあればこそです。でも、勝関でなくても、自分の部屋に投資して、工夫すればどんな接待でも演出は可能です。接待慣れしている人であればあるほど、そういうことを喜ぶ。

家に招待するメリットは、意外性だけではありません。接待していたら、たまたま、彼女が来ちゃったとか、同棲しているのがバレちゃった、ということがあるかもしれません。それはそれで、ある種秘密の共有というか、内側をさらけだすことで、より密度の濃い関係が構築されるでしょう。

むろん、だれかれとなく招待しろということではありません。初対面でいきなり招待することは絶対しません。人を選んで、これは！　というキーマンだからこその方法です。

銀座あたりで接待すれば、普通にご飯を食べて酒を飲むだけで、一人、二〜三万円はかかります。高級店に行ったり、女の人がいるような店、さらに料亭などなら、もっともっとお金がかかかります。それに比べたら、自宅接待は一〇分の一ですむ。

食べ物にしても、接待慣れした人には、フランス料理のようなきちんとしたものや高級なものより、住宅街にある焼き鳥のテイクアウトのほうがいいかもしれない。お金を出せば食べられるものより、ジャンクフードのほうがいい場合もある。

ここで肝心なのは、自分の土俵に引きずり込むということ。他人の土俵で勝負をしない。たとえなじみのレストランやバーだったとしても、やはり他人がいるわけですし、そのときどきの雰囲気で自分のペースで動かないこともある。やはり、自分の土俵で、その土俵に対してある程度の投資をしておくことが必要です。

あるとき、偉い先生と企画会議を会社でやって、その後、家へ呼ぶことにしました。同じマンションに住む友人の奥さんが琴を弾ける人だったのですが、示し合わせてあらかじめ鍵を渡しておいた。だいたい帰る時間を伝えて、ぼくがドアチャイムを鳴らしたら弾きはじめてほしいと頼んでおいたのです。

かなり、いろいろな接待に慣れた人々でしたけど、これには驚いてくれました。なんせ、ドアを開けると奥から琴の音が聞こえてくるんですから。最初はレコードかなにかを、セットしていたのかと思ったようです。そのうち、妙に音がいいなあ、と気づくわけです。狭い部屋での生演奏で、響きますから。玄関からずっと案内して、柱の影から和室に座っている女性をパッと見たときは、本当に腰を抜かさんばかりに驚いていました。

まさか、本物の女性が演奏しているとは思わないでしょう。この驚きで、「してやったり」という感じですよね。

しばらく演奏をバックにお酒を飲んで、その後は、演奏してくれた女性とだんなさんを呼んで、また盛り上がった。

こういう演出も、自宅を土俵にしたからできる。一度一緒にそういう体験を共有すれば、やっぱりコミュニケーションは深まる。第一、みんな楽しめる。次はどんな風にしてやろうか、どんな風に驚かしてくれるのかと、せめぎ合う緊張感もあります。

これからは、繁華街のレストランで会食するようなことは流行らなくなると思いますよ。そんなことでは、もう何の感動もないんです。昔なら料亭でメシを食うというだけで、「ワォー」っていう感じがありましたけど。日常から逸脱した、ハレの舞台でしたから。

もちろん、家庭にこもりがちの人や、それほど接待慣れしていない人にはそういうところでも、あいかわらずいいでしょう。でも、少し偉い人や場慣れしている人とコミュニケーションを深めようというときのプレゼンテーションとしては、自宅接待が最適です。

どうしても家がだめな場合には、自分の家の近くのしょうもないお好み焼き屋だったり、おでん屋などを舞台にすることも考えられます。ただし、店の選択には注意が必要です。「こんな、さびれた住宅地まで、何のために呼びつけたのか」と疑問に思われるようなところでは逆効果です。『東京ウォーカー』や『ぴあMAPグルメ』には載らないけど、餃子がすごく旨くていつも行列ができているラーメン屋だとか。自宅の近くにできるだけそういう場を持って、そこに招いてみてください。

†美術館のススメ

部屋が狭かったとしても、ちょっとした工夫で人を呼ぶことができます。たとえば、誰でもそれなりに趣味があるでしょう。絵が好きで二〜三枚持っているとか、昔はギターを弾いていたとか。絵が好きなら、思い切って額を買ってわざと仰々しく飾ってみる。これでもう「○○美術館」。音楽が好きでギターが置いてあるなら、ちょっとステージのようなコーナーを工夫して「××コンサートホール」。熱帯魚を飼っている人なら「△△水族館」。本がたくさんあるなら「□□図書館」。並べ方を工夫したり、ラベルやタイトルをわざと工夫して付けるだけで、遊び心のある空間になるでしょう。

相手が女性でも、取引先の課長でも、「ぼくの家へ来ませんか」と初めて言うときは緊張するものです。そこで、見せるものが一点あると、誘う糸口ができる。「かちどき美術館へ来ませんか」といわれたら、警戒心がゆるんで、興味をそそられませんか？

何か、人を呼ぶ口実になるような、一点豪華主義。そこに対して投資する。そういう姿勢が大切です。そういった目で自分の暮らしを振り返ってみれば、ネタはいろいろあるでしょう。アンティークの時計がとにかくたくさんあるとか、自分の家の家具はすべて粗大ゴミを拾ってきた、なんていうのもりっぱな材料です。素敵なカバーでも掛ければ、それだけで話題になる。酒の肴ですね。食べられない〝酒の肴〟を一点作っておくんです。

何もモノがなくても招待することはできます。靴を直すのが特技なんですよ、といって、酒を飲んでいる間にお客さんの靴を直してしまうとか。家庭菜園とか、野菜を作って振舞うのもいい。本当にできるかどうかは相手との関係にもよりますが、家でしか披露できないことがある。小さい頃の写真なども、あんまり多いとしつこいですが、一冊か二冊アルバムを見せて、自分の過去を見せるというのも、コミュニケーションが深まります。外で、自分の小さい頃の写真を見せびらかしていたら変人になっちゃうけど、テーブルの下かなんかにさりげなく置いてあれば、酒のつまみにはなるでしょう。本やビデオなども人柄や趣味がはっきり出ますから、話のきっかけになる。

ロケーションがよければ、何も材料がなくても招待できることもあります。勝鬨は、夜景がきれい。銀座からも歩いて帰れるし、会社からも近かった。一〇年前には、勝鬨の新築マンションのワンルームタイプの家賃が一一万円ですから、べらぼうに高いというわけでもなかった。もし、これから引っ越しを考えるんだったら、そういう選び方があると思う。海の見える部屋、夏の花火が正面に見える部屋、隣の公園の桜が見おろせる部屋、秋の銀杏並木が見事な部屋。場合によっては、一年に一回だけのチャンスだけれど、それだけの価値はある。夜景はきれいだけど日当たりが悪いとか、冬は寒いとか、いろいろ問題があるでしょうけど、その部屋の持ち味《キャラクター》がでるチャンスに賭けるんです。

賭ける気持ちが伝われば、インパクトのある招待は成功します。

†外国人に何を食べさせたら喜ぶのか

ぼくのところにはイギリスからもフランスからもお客さんが来ます。外国の人を接待するのに、さて、どこへ連れていけば印象に残る会食になるでしょうか。

今までなら和食でよかったかもしれません。たとえば、寿司屋で一通り食べた後、彼らが珍しがる、ナマコ、ウニ、生タコなどで驚かすようなパターン。でも、実際のところ、もはや〝スシ〟は珍しいものではありません。アメリカでもヨーロッパでも、ビジネスマンの間では〝スシ〟を食べることにイベント性は失われています。ロンドンの金融ビジネス街、シティのビジネスマンの間では、箸が使えないとエリートになれないという、まことしやかな噂が流れているぐらい……。割箸はエコロジーの点からよろしくない、といって自分の箸をスーツのポケットに常備している外人まで現れる時代です。

スシ、テンプラ、シャブシャブ、スキヤキ、テッパンヤキ……。もしあなたが接待するお客さんが日本との間を何回も往復しているビジネスマンなら、もうこれらには辟易していると断言してもいい。

ひとつの方法は、たとえば、もうもうと煙がたってる焼き鳥屋のような安い店に連れていく。日本酒もあればドブロクもといったふうに、一通り日本の酒が飲めるような店がいい。

もうひとつの方法は、どんなにせまい家だったとしても、とにかく家に連れてくること。欧米の人にとっては、家に招かれて奥さんが出てきて、一緒にご飯を食べるってことは最高のもてなしです。一流の三つ星レストランでご馳走するよりも、自分が大切にされていると感じる。もしあなたに奥さんがいるなら、どんなに小さな、いわゆるウサギ小屋といわれるようなところでも、一度招待してみるといい。

ぼくは、外国人を招待する場合は、必らず自分の家に呼んで、一階の六畳の和室を使っています。ものすごく狭い。フィンランドからきたお客さんなどは、腰を曲げて頭がぶつからないように部屋に入ってきたぐらいです。そういう時はテーブルと椅子よりも、和室でも洋室でも椅子を取っ払って低めのテーブルと座布団をセットします。そうすれば天井の圧迫感が減る。

外国人を呼ぶとなると、奥さんはイヤな顔をするかもしれません。なぜならお客様が常においしい手料理を期待しているとカン違いしているから。でも大丈夫。彼らは基本的に会話を楽しみにきているので、極端な話、何でもいいんです。最初の酒の肴に、日本的なもの、たとえば豆腐に生姜をのせたものだと

外国人を食事に誘うとき

文化や習慣の違う国から来たお客さんを接待するときは、最低限、食べ物の禁忌を把握しておくべきだろう。宗教による一般的な食習慣はよく知られているが、それがその人に該当するかはわからない。イスラム教徒でも外国暮らしが長ければ豚肉を気にしないで食べる人もいるし、どんな状況下でも厳格に規律を守る人もいる。

宗教が理由でなくても、ポリシーから肉を口にしない人、持病のために食事をコントロールしている人、ダイエットをしている人などさまざまだ。飲料も、アルコールはおろか、ミネラルウォーターしか飲まない人もいる。

日本人的な感覚だと、食習慣をはっきり確かめることは失礼だと思うかもしれないが、心配は無用だ。食事に制限があるかどうかは事前に確認してかまわない。

そして、どんなときも無理強いはしないこと。せっかくだから、とか、付き合いだからという感覚は日本人にしかない。

か、オクラに鰹節をまぶしたもの、キュウリに味噌を塗っただけのものとかを出せばいい。最近の欧米人はヘルシーだということで醬油味を非常に好むようになってます。しかも外国人が食べている日本食はシャブシャブだったり、スキヤキだったりするので、こういう家庭料理のようなものは意外に知らない。最初に二、三品、酒の肴をちょっと日本っぽいものにして、あとはピザを取ったっていい。

彼らは、要するに日本食を食べにきてるわけではなくて、会話を楽しみにきてるんだから。これがもし日本人同士、とくに上司を招くという場面だと、奥さん同士の腕の競い合いになっちゃう。命をかけた見栄の張り合い。そういうのは外人には全く意味のないことです。

あなたがヨーロッパあたりを出張したときのことを想像してみてください。一週間ぐらいの出張期間中に、そんなにたくさん食べたいと思いますか？　二か月とか三か月滞在する人は別ですが、そうでなければそんなにお腹なんかすかない。飛行機のなかではブロイラーのように食べさせられるわけだし、時差ボケで食欲もない。そんな状態のところに次々と料理攻勢をかけたら拷問です。日本人がアメリカへ行って、毎日「ステーキ食いますか」といわれたらゲンナリするでしょう。それなのに、外人が来ると、シャブシャブがいいか、スキヤキがいいか、スシがいいかって、いまだに聞いている人が多いんです。

フランス最大の子供服メーカーの責任者が来日したときのことです。彼の親戚は日本に住んでいるので、かなり日本通の男です。だから生半可な日本料理屋に連れて行ったって喜ばない。そこでコロッケとか、牛タンの塩焼きとか、何とかのおろしあえとか、庶民的なメニューのところに連れていきました。

酒は日本酒の一升ビン。升《ます》のフチのところにちょっと塩をのせて、それを舐めながらというのを教えたら、とても喜んでました。日本人なら珍しくもない飲み方ですけど、料亭ではこういう下品な飲み方はなかなかさせてくれない。日本酒を試してもらうなら、熱燗《あつかん》は避けた方がいいです。まわりやすいし、外国人には、あの独特の香りが苦手な人が多いから。キリッと冷えてる辛口の酒なら料理も選ばないし、飲みやすいでしょう。

さて、塩を舐めながら酒を飲むというスタイルで、すっかり打ち解けたわれわれは、次に有楽町のガード下の焼き鳥屋に出かけました。もうもうと煙が充満する狭い店です。仕事帰りに一杯ひっかけるサラリーマンでいつも混んでいるため、歩道にまではみ出して椅子が並べられ、入口には風よけのビニールがかけられています。日本人でも、おしゃれなOLたちは寄りつかないような店構えですから、彼らがどんなに日本に慣れていたって、そんな所は初体験です。煮込みとモツ焼きを食べました。フランスでも臓物は食べますが、食べる部位も違うし調理法もまったく違う。非常にインパクトある、フランス人にも受ける選択でした。

さらに、最後は屋台のラーメンでしめました。それでも全部あわせて一万円かからない。スシ屋で二万円も三万円もかけるより、ずっと少ない投資で印象に残る接待ができるわけです。

†日本に慣れていない外国人の接待

前出のフランス人の場合は、何度も日本に来たことのある日本通のビジネスマンでした。もちろん、外国人全員が同様の接待をして楽しんでもらえるわけではありません。先日、イギリスから夫婦と娘二人の家族が訪ねてきました。ご主人は来日二度目ですが、家族にとっては初めての来日です。長女がケンブリッジ大学で日本文化を勉強するというので、その予習という意味を込めて日本を訪ねたのです。

そんな家族には、日本文化のエッセンスをということで、日本料理の店へ招待しました。でも、高級店、有名店ではありません。ちょっとした会社のロビー程度の大きさの日本庭園があって、その周りに席があるこぢんまりとした店です。料理も、ひとつひとつは小さいポーションなのですが、たくさんの種類が楽しめるように工夫してもらいました。

二次会では、現代の日本文化のひとつの象徴ということで「カラオケ」に行きました。

古い方の日本文化という意味では、彼らは東京に来る前に京都を訪ねていましたから、やっぱり現代の日本文化を楽しんでもらおうというわけです。生まれて初めての経験ですから、これは凄くインパクトがあったようです。といっても歌ではなくて、日本人が満室のカラオケルームの前で整然と並んで待っていて、ボックスが空くと、ドッとそこに入っていくという、なにか工場の流れ作業を髣髴《ほうふつ》とさせるところに大笑いしていました。夜の夜中に歌を歌うために並んで待つ。しかも、さっと部屋が空くと、だっと次の人が入るという目まぐるしさ。これが非常にウケてました。

もちろん歌も楽しんでいました。親子で初めてエコーをきかせてビートルズのイエスタディを歌って、結構下手だったんだけど、大喜び。こういう接待というのは、気持ち次第で、別にお金をかけなくてもいいんです。日本人のようにカラオケ行ったらガンガン飲んで歌わなきゃならないとか、順番を気にしたりとかしませんから。彼らは、そのこと自体を、「場」や「間」を楽しんでいるんです。

†外国人に喜ばれるおみやげ

あなたは外国の友人を訪ねるとき、何を持っていきますか? あるいは出張で日本を訪れた外国人が帰国するとき、何を持って帰ってもらいますか?

ひと昔前のおみやげといえば、箸、扇子といった古い日本情緒を象徴するものと相場が決まっていました。でも、外国人も日本文化にだいぶ慣れてきて、箸なんかでは、そんなに驚かなくなりました。現地でもその気になれば手に入りますから。

少し前なら電卓でしょうか。もう二〇年も前ですが、アメリカにリクルーティングの市場調査にいったときには、電卓はすごく喜ばれました。数字を押すとドレミの音階が出るようになっていて、メロディーを奏でることができるものをおみやげにしました。ぼくが目の前でやってみせると、とても喜んでくれました。

"ツボ"を押さえた話

"ツボ"の話というのは東洋的神秘が感じられる格好の話題だ。話のネタとしていくつか覚えておくといいだろう。たとえば「左手の小指の付け根のところは心臓につながっており、血行をよくしたり、循環器系を快調にして代謝をよくしたりできる」「反対側の右手の小指の付け根は肝臓のツボ。前日飲み過ぎた人はマッサージすると二日酔いが早くよくなる」という具合。

実は、ロンドンのビジネススクールでの講義でこの話をした。「左手の付け根を押してみてください、これが右の脳につながっていて、その右の脳から左の心臓を刺激するパルスが伝わってるのを、あなたは感じますか？」と。

そこから、日本のヒューマンリソース・マネジメントに話をつなげる。東洋では、組織の活性化について、心臓が悪い時に切り開いて手術するような方法をとらずに、じわじわとパルスで刺激しながら、全体の活性化を計っていくという話。

これは実にわかりやすいと好評だった。ついでに「昨日飲み過ぎた人、手を挙げて」と声を掛け、「あなたのために、右側の小指の付け根のツボを教えます」とやる。これはパフォーマンスとしてものすごく成功した。そうなっちゃえばこっちのペースですね。

ちょっとしたおみやげとしては適当な値段でしたし、アメリカでは発売されていないタイプだったので。でも、二〇年を経て、今さら「日本のきめこまかな技術」ということを声だかにアピールできる時代でもないし、ここ数年は「これが日本」とウィットを込めて贈れる小道具が少なくなってしまった。

これから二一世紀にむかって、手軽でかつ日本文化を非常に強烈にみせてくれて、多少オリジナリティを発揮でき、それに少しウンチクがあるもの。つまり説明が加えられてコミュニケーションの道具になるもの。できればそれがそのまま彼、もしくは彼のカミさんとか子供が使えるもの。そんなものを探したい。

ぼくが持って行った例で、わりとコミュニケーションの道具になったのは、非常にくだらないのですが、「指圧棒」です。イボイボが付いている棒で、握っているだけで手のツボを圧迫してくれるというもの。ツボや指圧というのは、最近欧米の知識人の間で広まってきていますが、まだまだ一般化されていないからインパクトがあるのではないでしょうか。足裏のツボを押す棒、健康サンダル、こういったものも欧米にはありません。

おみやげとして渡すときは、必ず怪しげな説明書「人体ツボ分布図」のような付録も持っていくといい。足の裏のツボがどこにつながっているかなど実に楽しめるものです。

†実用品の贈り方

ツボ・グッズは、いわばジョークまじりの贈り物ですが、たとえば結婚祝いのプレゼントなどはどうしましょう？

フィンランドの友人から、結婚したという報告がありました。本当は結婚式にも出席したかったのですが、さすがにそれだけのために飛行機に乗ってはいけない。そこで何か日本っぽいものをプレゼントしようかと。参列して祝福するかわりの贈り物なので、値段的にも、日本の披露宴のご祝儀と同じ二〜三万円ぐらいのものをさがしました。

結婚のプレゼント

イギリスの結婚祝いはとても合理的。たとえば食器の場合なら、受け取る当人がまず、私たちは、ウェッジウッドのこのシリーズを集めますというようにブランドを決めておく。それを友人の代表に教えておけば、じゃ私はカップ&ソーサー、ぼくは大皿と、すごく簡単に選べる。ひとつのブランドシリーズでもアイテムは一〇〇ぐらいあるから、予算に合わせて選ぶこともできる。

このシステムなら、日本のように花柄のカップと千鳥格子の皿、などという不釣り合いも避けられるし、当人の趣味に合ったものだから、棚の奥に箱のまま放置されるなどということもない。

実は物をあげるということは、かなり親しくないと難しい。新居はアパートなのか、こぎれいな一戸建てなのか、お客さんがたくさん来る家庭かどうか、趣味は何か。そんなことでも知らないと、品物選びはやっかいだ。

だから、さほど親しくない場合などには、日本人ならワインはいかが。二本セットで二〜三万円という高級感のあるワインは、わかる人ならわかってくれる。下世話な話になるけれど、レストランで飲んだらおそらく三倍ぐらいはするはずです。

そんなとき、あなたならどうしますか？　日本の伝統文化が感じられて、結婚する二人への祝福の気持ちが込められるもの。日常品として使ってくれるとうれしいし、でも使ってすぐなくなってしまうものだと寂しい。汚れて捨てられてしまうものも悲しい。もし、ぼくが五年ぐらい経ってから訪ねてみたとき、そこの家にまだあるようなものだと素敵ですね。

そんな条件で外国人にプレゼントするなら、あなたはデパートのどの売場に行きますか？

ぼくは、二軒のデパートを一階から最上階まで全部まわって困り果てました。その結果選んだのは、塗りものの蓋付汁椀。黒か茶系の地に、少し華やかな金が入っている。柄は花鳥風月、もしくは松竹梅でもいいけれども、少し日本的なテイストが感じられるものです。これに箸をつけて送ったのですが、これは非常に喜ばれました。

汁椀だとはいえ、外国人流に何を入れてもいいわけで、オードブルにちょっとしたものを入れてお客様に出しても、洋風でも中華風の料理でも、それなりにおさまります。

日本なら夫婦《めおと》茶碗のように二組ということが多いでしょうが、ヨーロッパの人だから、二人プラスお客様のカップル用にもう二組ということで、四つのセットにしました。もし最初のオードブルをこの器で出してくれれば「あれ、これはどこの？」というような会話が生まれて、「カズという友人が日本にいてね」と話がはずむかもしれません。

こういう時に気をつけなければいけないのは、素材です。今は技術が非常に進歩しているから、結構見栄えがよくても、素材がプラスチックだったり、木であっても木屑を固めたようなものがある。いろいろと探してみて驚いたのですが、値段もピンからキリまでで、四つセットで二千円のものもあれば、二万円のものもある。

ヨーロッパの人などは、特に素材とか、持った感じなどにこだわります。重量感、質感ですね。彼らは子どもの頃から本物をさわってきているから、ものすごく訓練されている。中途半端なものなら逆効果になりかねない。だから、やっぱり〝木〟の素材を選びました。

個人のロゴを持とう

西武ライオンズの松坂クンは、いわずとしれたスーパールーキー。二年目の今年はコマーシャル出演も実現して、ますます大人気になっているのは周知のことです。

五つの会社のCM出演が決まった頃、おもしろい新聞広告を見つけました。普通のCMは、企業が提供する商品やサービスを売るための広告です。でもその新聞広告は五社の連名で「松坂クンを私たち五社が応援しています」というメッセージが込められたものだった。ユニフォームでなく、普段着で登場しているので「個人」がより鮮明にアピールできています。ニッコリほほえむ松坂クンにも好感が持てますが、でも一番おもしろいのは、小さく書かれたMDのマークです。これこそが個人のロゴ。今後このロゴの使われ方次第で、たとえ本人の顔が出ていなくても「あっ松坂クンのメッセージだ」と認識させることができるでしょう。

あなたも、個人のロゴを持ってみませんか？　そしてそれを社内文書、手紙、メモ、ラ

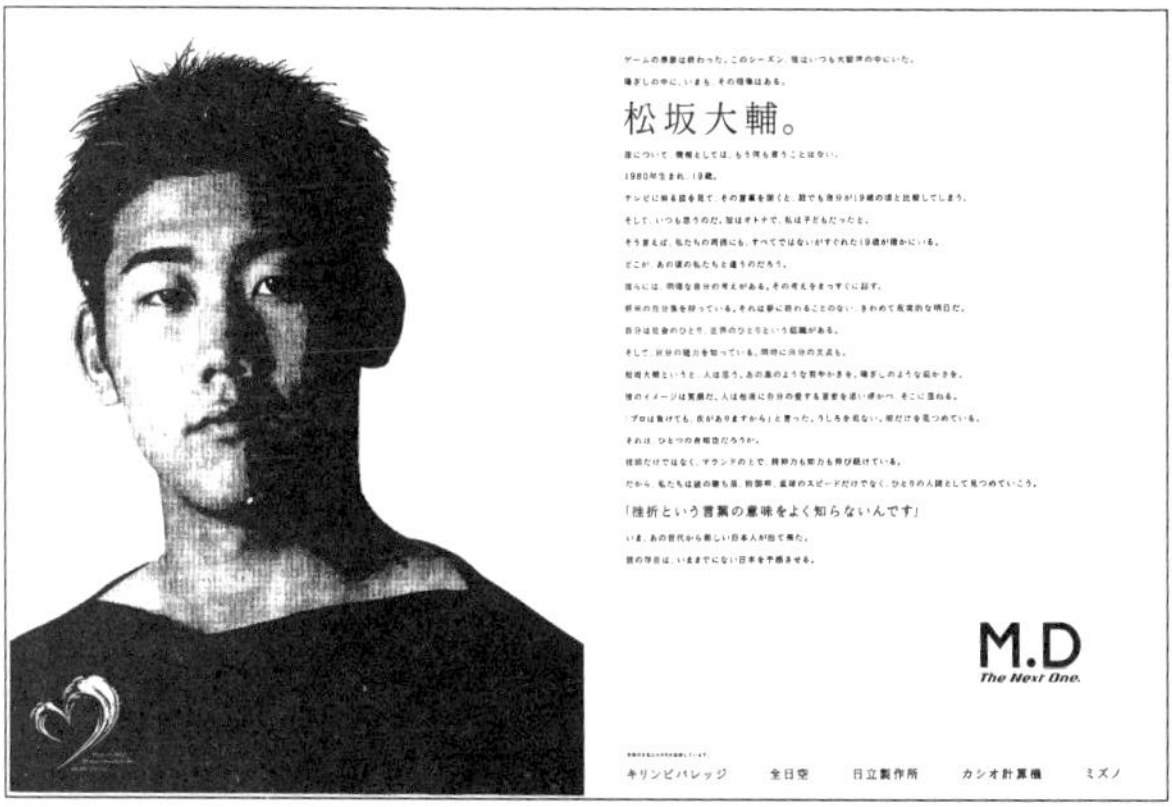

松坂大輔を起用した，スポンサー五社による共同広告　©電通

ブレター、何にでも使ってみる。一枚の紙からあなたの顔《キャラクター》が覗くようになれば、メッセージもグンと力強くなるに違いありません。

†会社のロゴマークを考える

一般的にロゴというものは、団体を象徴するマークだと考えられています。ここで提案しているのは個人のロゴですが、その前に、団体のロゴにはどういう意味があるのかを考えてみましょう。

メディアファクトリーという会社はリクルート社の関連会社です。リクルートの企業グループは四〇社ぐらいあるはずですが、昔はそのほとんどが、リクルートという名前を冠していました。たとえば不動産会社ならリクルートコスモス、人材派遣ならリクルートスタッフィング

MEDIA

FACTORY

という具合。メディアファクトリーも、約一〇年前までリクルート出版という名前でした。それが、ゲームやコミックを本格的に手がけるに当たり、もっと自由な会社にしたいと、思い切って社名を変更することにしたのです。

新しく生まれ変わったその会社には、リクルートという名前とカモメのマークを使いませんでした。そのカモメのマークに替わるロゴを作るとき、「グループで一番最初にタブーを破るんだぞ」と、結構気合いを入れたことを覚えています。

ぼくはこのロゴマークのプレゼンを受けて、まったく迷わずに一発でこれだと決めました。中心にあるのがメディアのMという字を象徴化した図案。文字にはあえてクラシックな書体を使っています。メディアファクトリーは、リクルートという会社の〝出島〟で、新しいチャレンジをやる会社。このロゴは非常にシンプルで美しく、クラシックでしかも新しい。

さて、ロゴを決定するに当たり、制作したデザイナーはロゴのほかに、B全判くらいのパネルを持って来ました。それが、次のページのプレゼンテーションボードです。

プレゼンテーション用のパネルには、ミミズクから始まるMの軌跡が示されています。

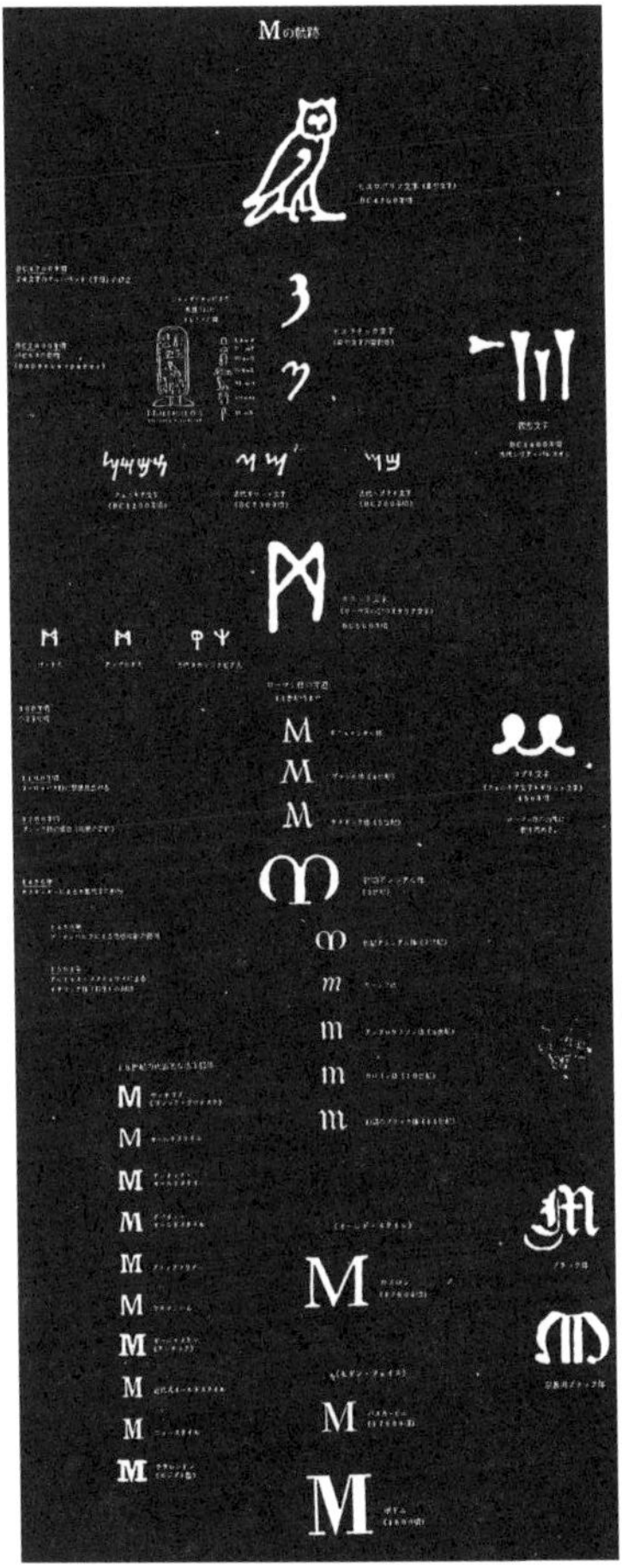

Mの軌跡を表現したプレゼンテーションボード

西欧ではミミズクは知恵とか学問などを司る神様ということになっているのですが、いずれにしても古代エジプトの文字からMがどういう歴史を辿ってきたかがビジュアル化されていました。

これをデザインした市川英夫さんは、このときドイツ語の「ノイエ」という言葉を教えてくれました。ものすごく古くて伝統のあるものが、溜めに溜めて、最後の最後に新しいものをフッと出してくるというような意味だそうです。そういう表現は日本語にはない。新しいというとただ単に新しい。古いものはただ古い。すごーく古くて伝統のあるものが最後に化学変化を起すような感じでフッと新しくなる。そういう感覚をドイツ語では「ノイエ」というのだそうです。ベーシックで、クラシックで、しかもそれがある種非常に新しい。このプレゼンテーションには、それがよく出ていると思います。

バブルの頃、CIがはやっていて、いろいろな会社がロゴマークを変更しました。そのなかには、ぐにゃぐにゃ曲げたり、CGでつくった凝ったものも少なくありません。でもそういうものは、いま何となくファッションぽくても、すぐ時代が変わって廃れてしまう。最後まで残っていく企業の顔というのは、すごくベーシックで、ある意味では古典的でありながら、ぎりぎりのところで非常に新しい、というのが大事なことのような気がします。

†問答無用がいちばんいい

あなたの住む町のマークを知っていますか？　あるいは校章を覚えていますか？　おそらく、何も見ずにだいたいの形を描ける人はほとんどいないと思います。なぜなら、これらのマークにはよけいな意味付けがされ過ぎているから。頭文字のSの字のなかに、川が流れていて、人と自然の融和を表すとか。ブルーは海を表すとか。そんなのパッと見たときに誰も感じないでしょう。生み出した人の詭弁に過ぎない。ぼくは、マークというのはもっとシンプルであるべきだと思う。無理な意味付けがされていて、説明が必要なものというのは、プレゼンテーションとして非常に弱い。

本来、こういった意味でも、会社の顔となるマークには、ベストはひとつのはずです。よく、何案か持ってくるクリエーターがいますけど、自信がない証拠です。当て馬で別の案を持ってくるのはいいんです。絶対これがいいというものがあって、如何にほかにやりようがないかというのを見せるための別案ならいい。でも、ふたつ作ってきて「どちらを選びますか」ということはあり得ない。クライアントに「お好きな方を選んでください」と言うのは、一見親切なように感じるけど、結局はどちらもピンとこないことが多い。それは、自信のなさを示しているからです。

会社の顔としてのマークは、人間で言えば、第一印象と同じ。第一印象で、「ぼくは眼鏡をかけていますけど、はじめから目が悪いわけじゃなくて」と説明する人はいないでしょう。会社のマークもそれと同じで「問答無用」だと思う。

「これが海でこれが空でこれが環境を表わす緑」とか、何もかも盛り込まれすぎているロゴの弊害はまだあります。これからの企業のロゴは、コンピュータでデータとして取り込まれてさまざまな加工に耐えられるものでなければなりません。たとえば回転して出てくるとか、動画に組み込まれるとか。そういう加工はもとがシンプルであればあるほどうまくいく。丸があって棒があってこれが空でこれが人間で、などと指定されると、そういう立体的な加工はできません。だから、もしあなたが自分のロゴを持とうと思うなら、もうひとつのポイントとして、三次元の空間の中に、そのマークがどう佇《たたず》むのかということをイメージしてください。テレビやビデオでプレゼンする場合、あるいはコンピュータでプレゼンする場合に、プレゼンを受ける人との間で空間を共有できるようになっていることが重要です。空間的な一体感といってもいい。メディアファクトリーのロゴは、そういうことがしやすいマークだと思いませんか。

†個人のロゴづくりのヒント

個人でロゴを作った場合、もちろん表札や名刺に刷り込んでもいいわけですが、やはり使用頻度が高いのは手紙を含めた文書ということになります。ぼくは、ロンドンとパリで暮らしたときに、家紋のゴム印を持っていきました。百科事典などから図案をコピーすれば、大きな文房具屋さんかハンコ屋さんで簡単にゴム印を作ってくれます。それを紙の上か下にポンと押す。

日本では家紋というと墓や紋付き袴にしか使わなくて、家やしきたりという古いイメージが先行してしまいます。しかし、ヨーロッパには紋章という伝統がありますから、意外に受け入れられやすい。

これ何？　と聞かれた時に、自分の家がなぜ「下がり藤」なのか説明できれば印象がグ

マイ・レターヘッド

印象的なプレゼンテーションを目指すなら、文書や手紙を書くときに、自分のキャラクターを表現するような紙を選ぶべきだ。味気ないコピー用紙で済ませるなんてもってのほか。これも自己投資だが、自分のキャラクターの分身だと思って気合いを込めよう。海外へはとくに白色の和紙に金と銀の細かい紙が漉《す》き込まれたものを二〜三束買って行った。英語の手紙でも、ワープロを打ったらプリントアウトをして、それに家紋のゴム印を押す。何ページかあれば全部に入れる。

これなら自分のレターヘッドを簡単に作ることができる。大量に使うなら印刷したほうが安上がりかもしれないが、気に入った紙を買ってきてひとつひとつ判を押すというのも、あたたかみが伝わる。かすれたり、つぶれたりするのもご愛敬。漉き込みのある和紙は、金銀の紙片のところに文字がきた場合に文字が欠けたりするが、それがむしろ日本的な雰囲気さえ醸し出す。

Dr. Jonathan Daitch
Elementary School Principal
International School of Paris
96 bis,rue du Ranelagh
75016Paris

23 DEC 1995

Kazu FUJIHARA
(Gen's father)
14,rue de la Cure
75016 Paris

Dear Dr. Daitch

It is a pity that I have to inform you that our family will return to Japan in March 1996, therefore I'm just wondering when our son Gen should leave your school.

I am now considering two alternatives.

The first one is to leave by February 1st and to let him get back to Japan with my mother who is staying in Paris with us to take care of our sons because my wife, Kaoru gave a birth of our first daughter on 20th Dec.

The second one is to let him stay until the end of February, then go back to Japan with us. According to my company's request I will have to be back at the beginning of March.

As you know, we are always appreciating your policy and your school's activities, therefore I'd like to let him stay with you as much as possible.

But, on the other hand, I know your existing policy about a refund of the latter half of tuition fees, which says " No reimbursement will be made for withdrawals after February 1st".

I believe that it's rather fair and reasonable to reimburse 30% of annual tuition fees if in case my son stay to learn with you until 1st of March, if you can be kind enough to accept this proposal.

Would it be possible to reconsider this condition about the reimbursement? It's because we are financing not by the company but by ourselves. So that , honestly speaking, it's very huge regarding to preparing the next school for Gen in Japan.

I would like to take this opportunity to thank you and your excellent teaching staff for the help they have given with Gen's study and for making his time at your school interesting and enjoyable.

I myself or my wife will make a telephone call to you early in the next year.

Yours faithfully,

家紋のゴム印を押してある手紙

ンと深まります。生まれてこのかた一回も家紋なんて使ったことのない人もいるでしょうし、あるいは家紋なんて知らない人もいるでしょう。この機会に是非調べてみて自分の家の家紋はどんな柄で、どういう由来があるのかを知っておいて損はありません。もし調べがつかなかったり、気に入らないのであれば、一番好きなものを選んでもいいし、家紋をヒントに自分でデザインを考えるのもいい。

家紋でなくても、自己紹介のときに氏名をビジュアルでプレゼンテーションすれば、印象はグンと強くなります。たとえば、藤原の藤を説明するとき藤の花を象徴できるようなロゴがあれば、それを名刺やレターヘッドに刷り込んでしまうのです。和博の「和《かず》」だったら、意味は平和ですから、たとえばピカソが描いた鳩が葉をくわえているような図案を借用させていただいて、そこに和という文字を漢字で書く。日本人の名前は外国人にとって発音しにくいものです。漢字には意味があるという特性を生かして、そういうプレゼンテーションをすれば一発で覚えてもらえるでしょう。

コラム❷ 引き際で表現する

かつて、家を建てるのに際して、ハウスメーカーと工務店あわせて七社ほどに企画コンペをやってもらい、ラフな基本設計図とおおまかな見積もりを出してもらったことがあります。

結局最後の一社に絞るにあたり、他の六社には申し訳ないので、ファックスで、一社一社、お断りする理由にも触れて、丁寧な「お断りのレター」を出しました。

すると、ある会社の担当者から、早速、見事な筆書きによるファックスが届きました。

「ファックスいただきました。お力になれず残念です。

奥様の、私どもの商品企画に対する印象が大切ですよね。ご指摘の点は、ときどき聞かれる意見ですので、よくよく考えてみなければならないことだと思っています。

また、家づくりにも、これほど熱意を持って学ぼうとする姿勢に、正直、敬服いたします。元来大切な買い物の一つですから、皆さん最初は一所懸命なのですが、数社の言い分を比較しているうちに、根負けしてしまわれることが多いのです。

これから家を建てられるわけですが、むしろ、その後に住まいを楽しむことこそ、本当の普請の冥利です。

よい、ご計画をお祈り申し上げます」

他の五社からは、何も音沙汰なかったこともあり、このファックスレターは実にこころに染み渡りました。もし、ぼくがもう一度家を建てたり、改築したり、あるいは、友人にいい業者がいないか相談されたりしたときには、自分が最終的に選んだ所に加えて、必ず、この会社も紹介することになるでしょう。
『引き際の魔術師』ともいえるこの会社の担当者は、引き際に、ちょっとしたプレゼンをすることで、顧客の信用を未来につなぎました。

ぼくもかつて、現在の「公文教育研究会」の社名変更に関わるCI活動のコンペで電通に負けたことがあり、非常に悔しかったので、電通側の担当者を突きとめて、どんなプレゼンをしたのかインタビューに行ったことがあります。CIの世界では大変有名な方だったのですが、気前良く私に、プレゼンの秘訣を伝授してくれました。この本の中にも、そのときぼくが学んで、その後のプレゼンで何度も使わせていただいた知恵が紛れ込ませてあります。

「転んでもただでは起きない」

プレゼンにはお金と労力がかかっているわけですから、ハウスメーカーや工務店の方々にも、もう少し負けた原因を真剣につきとめて商品企画にフィードバックする根性が欲しかったなあと思います。余計なお世話と言われそうですが、負けた方こそ元を取らなければ、時間を損しちゃうだけじゃないですか。

第３章

印象的なプレゼンテーションの実践

――四行で自分をアピールすることと、
　　四枚の企画書で企画を通すこと

四行で自分をアピールする

『じゃマール』という個人広告情報誌があります。雑誌としては今年六月に初期の役割を終え、インターネット上のサイト『イサイズじゃマール』(http://www.isize.com/jamar/)に統合されました。雑誌上かネット上のどちらかで、あなたも自分のメッセージを載せたことがあるかもしれませんね。まず、恋人がほしい、友だちをつくりたい、あるいは音楽のバンドをやっていてドラマーを募集したい、自分はボーカルができるから入れてよ、という「出会いのページ」。それに「売る」「買う」「交換する」などの分野にわけて、広告を出したい人が自分で写真や原稿をつくり、そのまま載せた情報誌でした。これは、自分を売り込む、あるいは自分の持っているものを売り込むという格好の訓練です。自分で文章や見出しを考え、添付すべき写真を選ぶ。わずか数行のスペースですが、こういう場で自分をアピールしたり、自分の持ち物を表現する訓練をするうちに、自分のプレゼンテーション能力が上がっていくわけです。

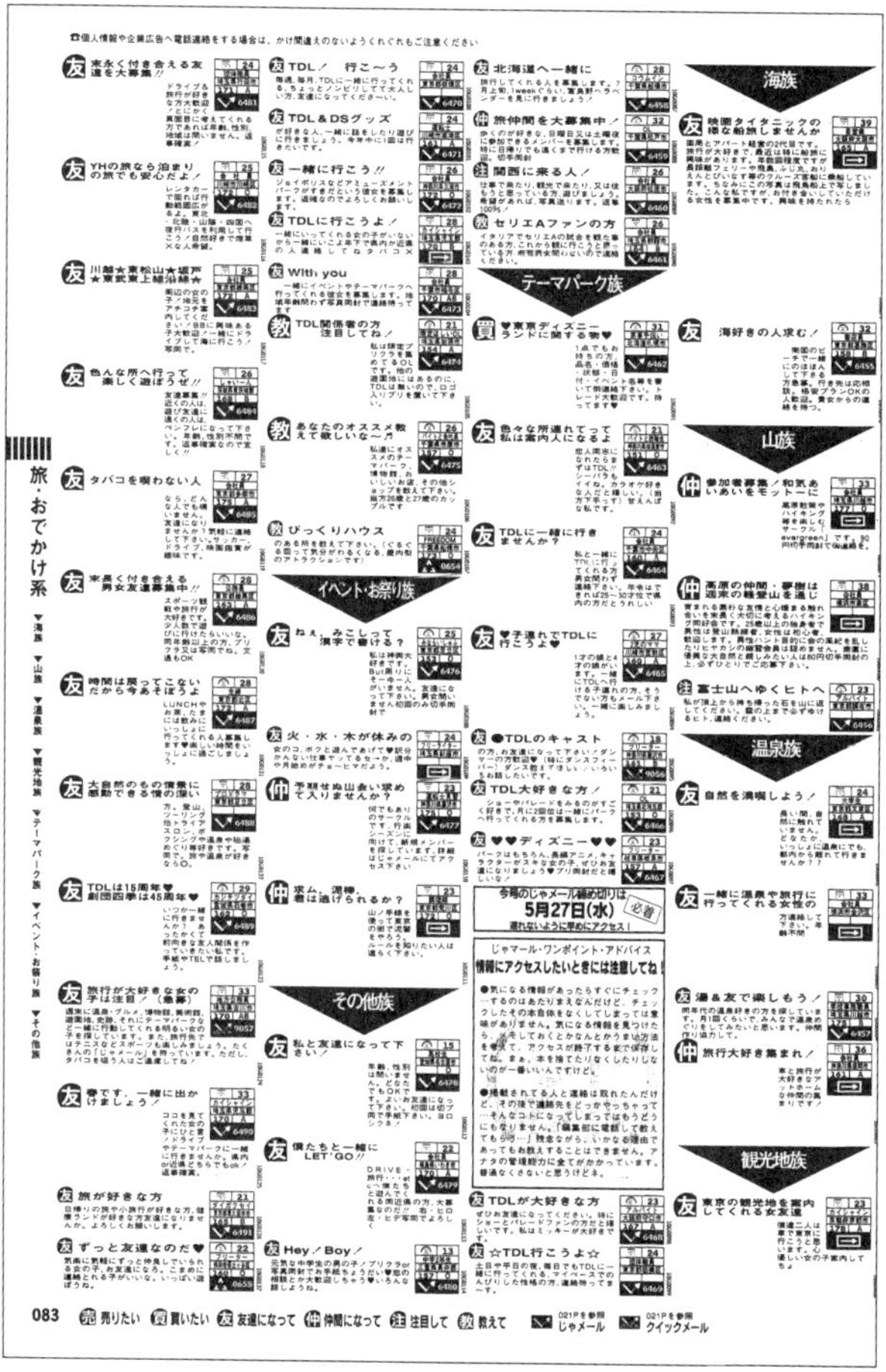

『じゃマール』バックナンバーから引用　©リクルートフロムエー

＊個人が特定できる表記は写真を含め加工してあります。

せっかくだから、こういうメディアを訓練の場として使っていこうというのが、ひとつの提案です。現在は『イサイズじゃマール』上で同じ訓練ができますが、ここではネットには馴染みのない人もいるでしょうから、雑誌『じゃマール』時代に紙上に載った個人広告の例で、個人プレゼンテーションの勘どころを解説しましょう。

『じゃマール』は、一ページに一番小さな四行広告なら九六件入ります。実際には写真付きで広告を出す人や最大で九行書く人もいますから、一ページ七〇件ぐらい掲載されていました。ページはジャンル別になっているので、たとえば服を売りたい人がずらっと並んでいたり、旅の同行者を求める記事が数ページにわたって並んでいるわけです。

似たような売り込みの中で、返事が少ない人もいるし、自分の希望にぴったりのアクセスがすぐもらえる人もいます。その違いが、この小さなスペースの中に隠されています。

キャッチコピーの重要性

一人分のスペースのレイアウトは決まっています。花柄の罫線を引いたり、文字の大きさを変えたりはできません。ですから、ページをめくってまず目に付くのは見出しでしょう。本文を読んでもらえるように、魅力ある見出しでいかに目立つか、いかにアピールするかを考えてみましょう。

例1「171 cm L サイズ」（中央部）

たとえば例1は、ある号に掲載された洋服の売買を呼びかける個人広告です。中央部の「一七一cm Lサイズ」は、誰が見ても、何が欲しいのか一目瞭然です。それ以外のものはいらないし、読み手としても、自分がそのサイズに該当しなければ読み飛ばせる。「いろいろ」や「なんでも」だと、どういうものを売りたいのか、いまひとつはっきりしない。次ページの例2の場合はどうでしょうか。本の好きな人と友だちになりたいという呼びかけですが、「宮本輝」という固有名詞が出ていると好きな人は注目しますね。ひと目で趣味趣向がわかる。「本好きの人」と呼びかけるのと、同じ一行ですが、ずっと濃く、アピール度が高い。

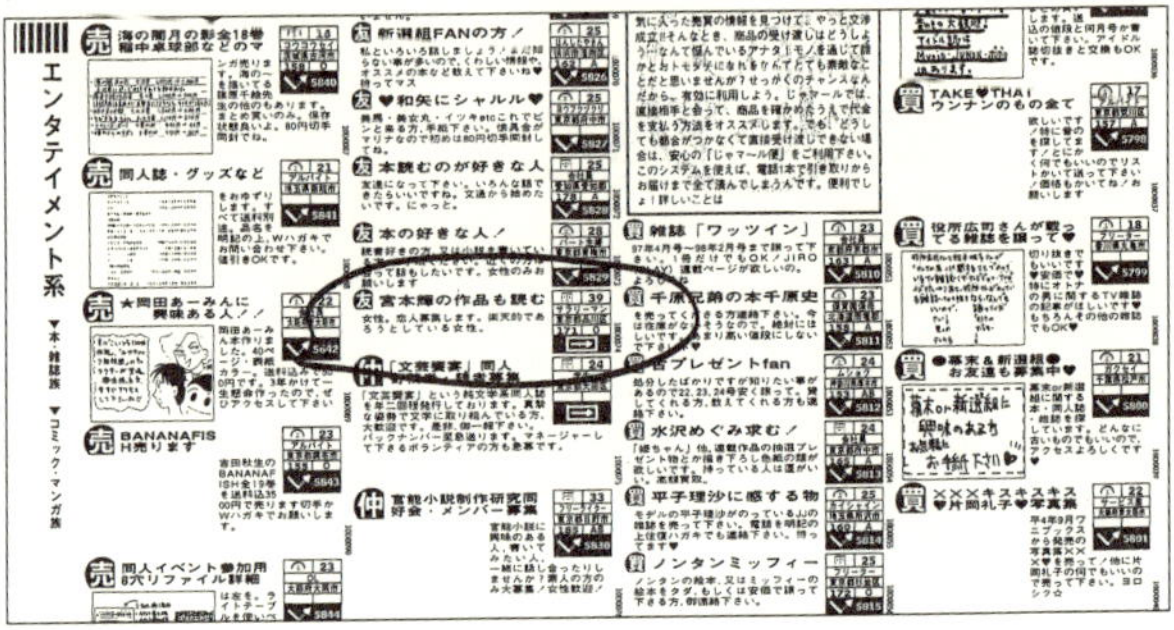

例２「宮本輝の作品も読む」

本文を全部読めば、いろいろ興味深い情報もあったとしても、キャッチコピー（見出し）が具体的であったほうが、見やすいし、ストーンと読み手に伝わってきます。そういうことが『じゃマール』で訓練できる。創刊して五年で、応募する人もよく研究していましたから、だんだん「目立ち方」がうまくなってきた。

どんなプレゼンテーションでも、キャッチでバンと注目させて、ボディコピーを読ませるのが鉄則。ネットを使う人は『イサイズじゃマール』で早速チャレンジしてみて下さい。

創刊されたばかりの頃は、みんな自分のことや、自分の売ろうとするものを正確に語ろうとしました。でも、誌面では自分の記事の前後左右に同じような記事があり、それに邪魔をされることに気付くのです。そういう競合状況のなかでいかに差別化するか。もちろんスペースをいっぱいとったり、写真を載せたりすることもひとつの

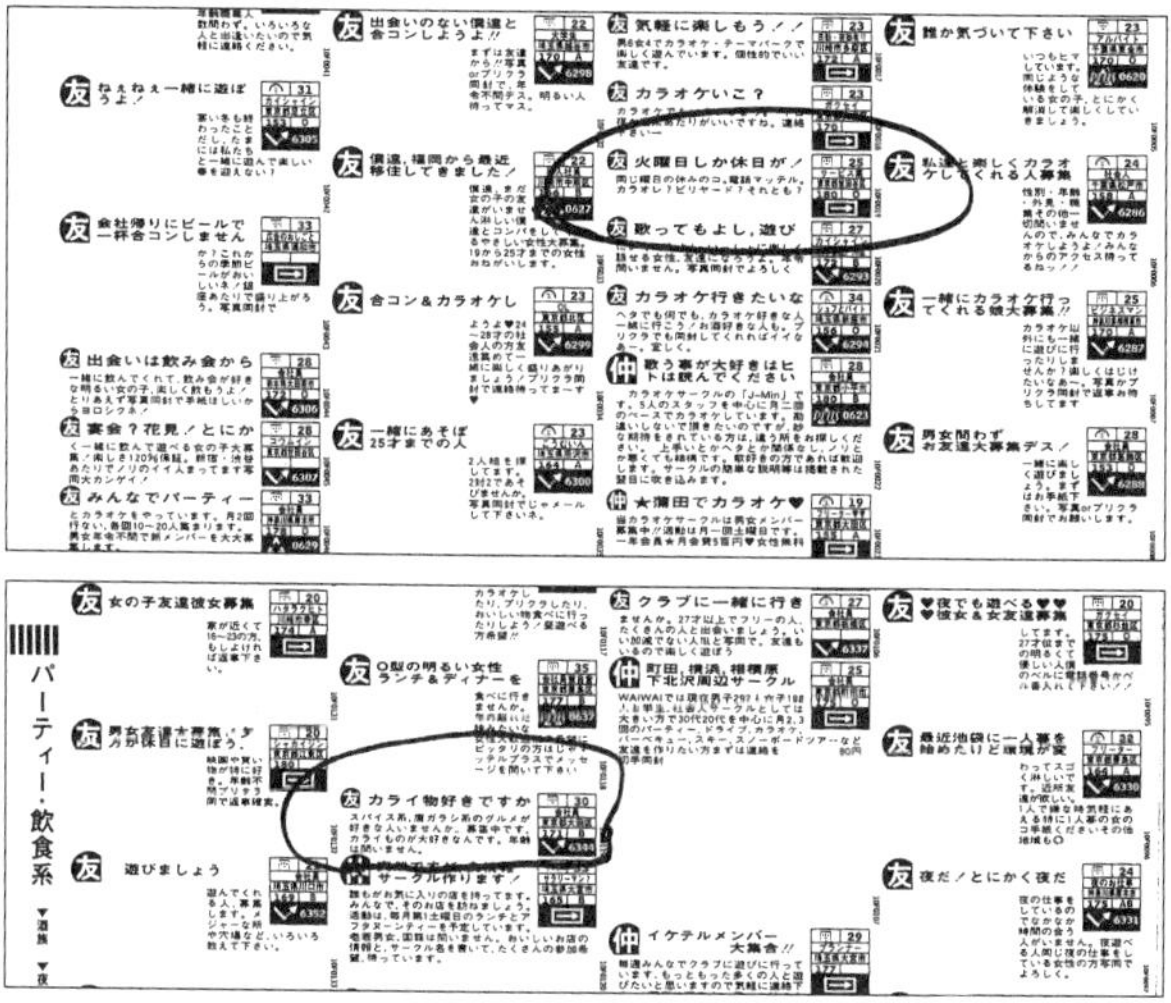

例3「火曜日しか休日が！」（上）と例4「カライ物好きですか」（下）

方法でしょうが、それだけではダメ。写真も、これだけ並んでしまうと、絵柄で目立とうとしても埋没してしまいます。やはりキャッチが重要なのです。

†目立つキャッチコピーの実践

プレゼンテーションには、必ず「競合」があります。やっているのは自分だけではない。その中でどうやって独自性を出すか。上の例3は「火曜日に遊べる友だち募集」という主旨の記事です。そのキャッチに「火曜日しか休日が！」と書いたのは、とても目立ちますね。「！」がついた記事はほかにもたくさんありますが、あえて「が！」としたことで、より注目度を

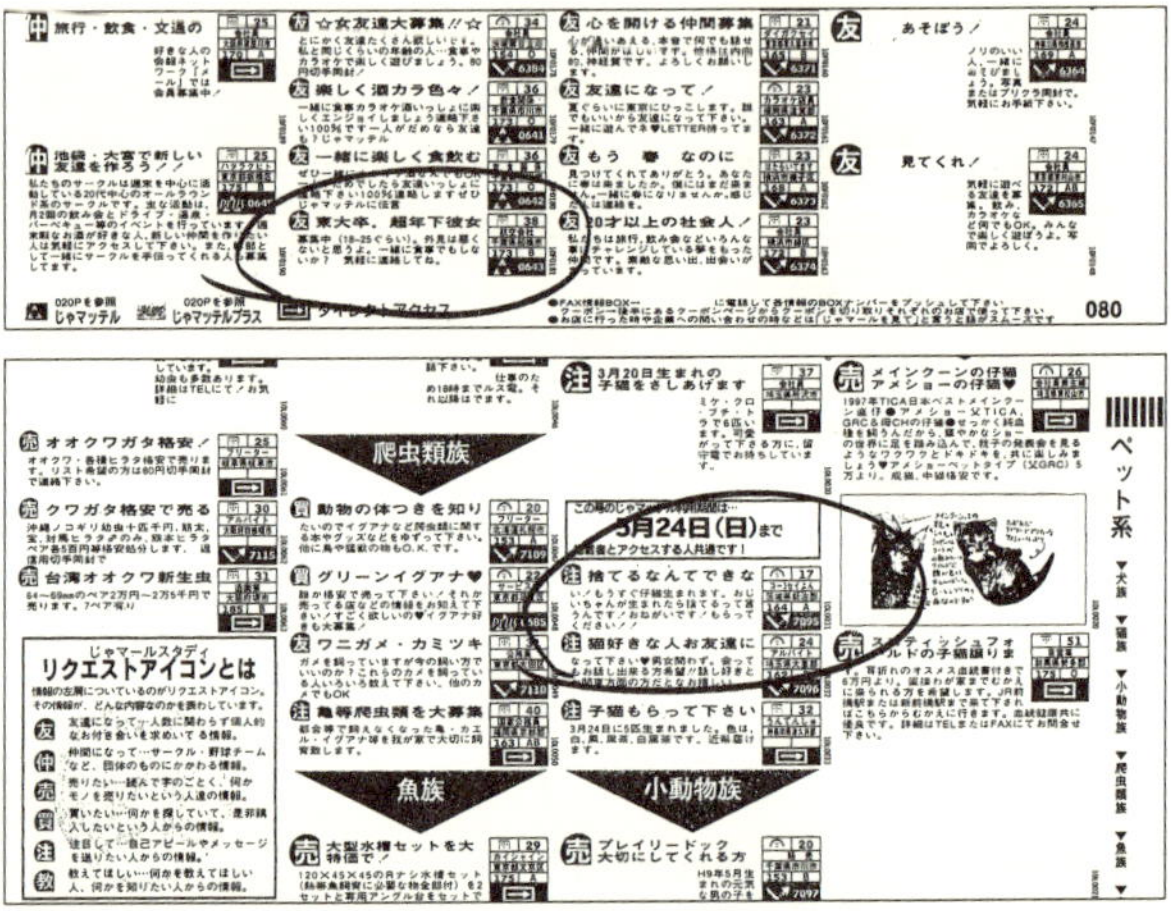

例5「東大卒，超年下彼女」（上）と例6「捨てるなんてできない」（下）

アップさせています。エネルギーがある広告だと思います。

「カライ物好きですか」という前ページ下の例4は、問いかけです。「カライ物好きです」でも「カライ物好きな人一緒に食べに行きませんか」でもいいわけですが、あえて〝問いかけ〟ている。

「東大卒、超年下彼女」という上の例5も、スゴイ。これを見た人はかなりヤな奴という印象を持つでしょうが、突出するためには、好かれるだけが能じゃない。「毒」というのも、たまには必要なのです。

例6は、子猫を貰ってくれる人を探す広告です。キャッチが「捨てるなんてできな」。

この後「い」という言葉がボディコピー

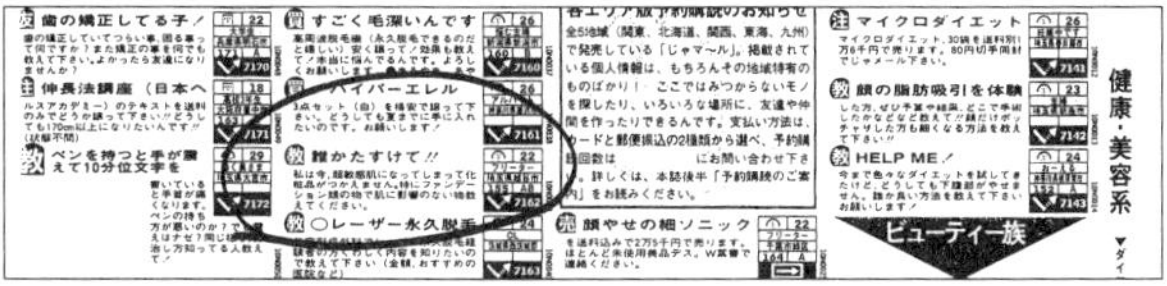

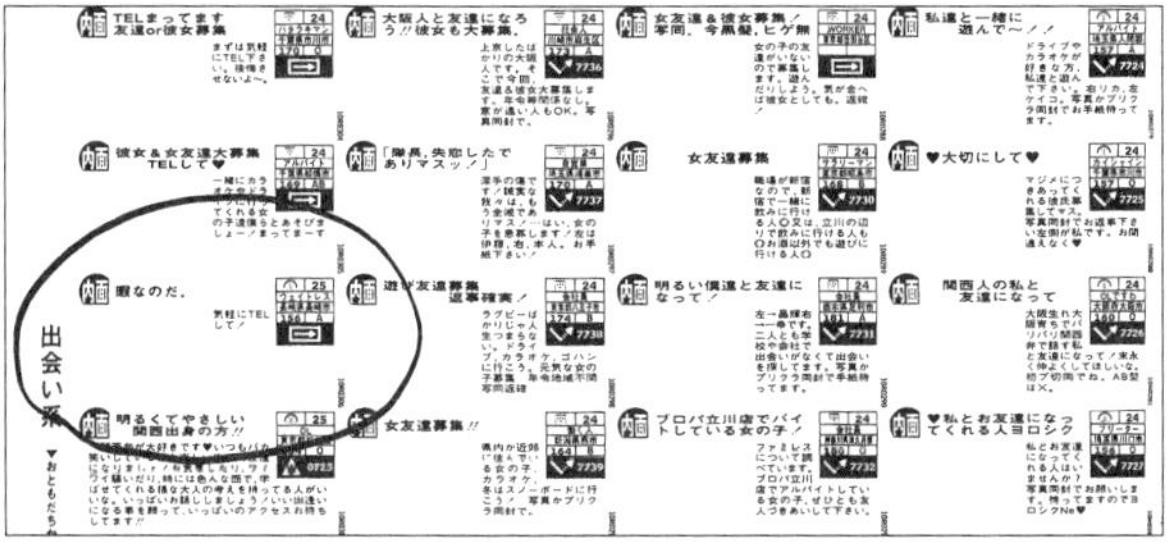

例7「誰かたすけて!!」（上）と例8「暇なのだ。」（下）

にあって「できない」となるわけですが、途中で切ってしまったことにより「エッ何？」と注意が向いてしまいます。ボディコピーへと読者の目を誘導できるわけです。最近は、慣れている人が増えてきたので、わざと切って、そのまま本文に続けるという人が増えています。『じゃマール』の場合、キャッチコピーは二行にすることもできますから、伝えたいことの多くは、文章で表現できます。でも、人間の頭の中では、整理され、スキッとしたものは読み過ごすという回路があるんです。そこにわざと不協和音を与えることで注目させる。さきほどの「毒」を持ったメッセージと同じ手法です。

上の例7「誰かたすけて!!」というのは、ありそうでないコピーです。これは自分の弱みを見せてしまう方法で、第四章でも説明する『マイナスイオンの法則』。周囲の人のプラスエネルギーを集めようと思ったら、自分のマイナス部分を出すこと。前ページ下の例8「暇なのだ。」も、書いた人の赤裸々に自分をさらけ出す素直な態度が印象的なキャッチ。普通はもっと気取ってしまいますから。

過去の『じゃマール』を見ていると、最初の頃は比較的スクエアな、きっちりとした過不足のない説明が多かったものです。また、まっすぐにアピールしようという気持ちが強かった。それが、投稿する人のレベルが上がってくると、むしろメッセージに「揺らぎ」のようなものがあったほうが、人々の心をとらえるということがわかってきた。そういうことを意識的に、あるいは自然にできる人が増えてきているような気がします。

自分の写真を撮っておこう

サラリーマンでも、社内報に顔写真を載せたりする機会はあるだろう。そんなときの写真をあなたはどうしているだろうか？　広報の担当者がコンパクトカメラでパチッと撮った写真か、旅行に行ったときのスナップ写真を渡す人が大半ではないだろうか。

もし自分のイメージを大切にするなら、これからは、外と室内で撮影したものと、一番気に入った写真を一枚ずつぐらいはキープしておきたい。

写真館に行ってきちんとした写真を撮りなさいということではない。手持ちの写真で自分のキャラクターが一番出ていると思える写真があればそれでいい。これを焼き増しして、とっておく。そしてチャンスがあれば、これを使ってくださいと差し出すわけだ。

写真というのは不思議なもので、最初は「本人よりかっこいいんじゃない」なんてからかわれたとしても、何度もその写真を目にしているうちに、本人の方がその写真に似てくるというところがある。まず写真のイメージがあって、そのフィルターを通して本人を見るようになる。まして、最初に写真を見て本人に改めて会うようなケースでは、写真の効果は大きい。

自分の写真を見て、「エッ、こんなきつい顔していたかな」とか「だらしない」とか感じることがあるだろう。これも一種のリアリティで、下手をすれば会話をしている最中に、相手にそのように感じさせていることも十分ありえる。

また、人間だから、人と会うときに、体調の悪いとき、気が乗っていないときもある。そんなとき、写真は自分自身を見つめ直す鏡の効果も果たしてくれる。

いい表情で気持ちが乗っているときの写真。たとえば、プレゼンテーションをする当日におなかをこわしている、というようなときに、自分の一番いいキャラクターが出ている姿をもう一度確認しておくのは、効果がある。

「ミラー効果」と呼んでいるが、つまりは、写真自体にいい波動をもらうということだ。

本を一冊出してみる

ぼくのデビュー作『処生術』(新潮社)は、一九九七年の十二月に出版されましたが、そのきっかけになったのは、それから五年近く前に自費出版した『ライフデザイン革命』という冊子です。

誰に頼まれたわけでもなく、自分自身で気づいたことを、ひとつのテーマにつき一〇〇〇字と決めて書いていました。九二年の夏ぐらいから週二編のペースで一年ぐらいかけて書きためたものが一〇〇近くになったので、七〇ぐらいに絞って自費出版したわけです。

これを、ロンドンに留学する前に、一〇〇人か二〇〇人かの友人に配って、そのフィードバックをもらうことにしました。

よく、本を作ると、著者がサインをして配るでしょう。でもぼくはそれをやめて、次のようなしおりを付けて配りました。

三つのお願い

ひとつ　この本は、さとうきびで作られています。いつか腐って土に還ります。「食べちゃいたい」という方は、おいしく料理してからお召しあがり下さい。

ふたつ　この本は、拾い読みして下さった方が本文の上や下にご自分の意見やイラストを書き加えて増殖してゆく本です。表紙や裏表紙の裏にお名前をどうぞ。

みっつ　この本は、循環してゆく本です。所有されることを嫌います。次の方にお渡ししていただく時に「藤原が帰国したら、返して下さい。」とひとこと、お伝え下さい。

――店主――

ぼくの意図は「本を漂流させてください」ということでした。そして、ロンドンとパリに二年半暮らして、九六年の三月、日本に戻ってきたときに、そのうちの一冊が、本当に漂流して戻ってきました。

この本を読んでくれた人、二〇人ぐらいのコメントが、余白にびっしり書き込んである。

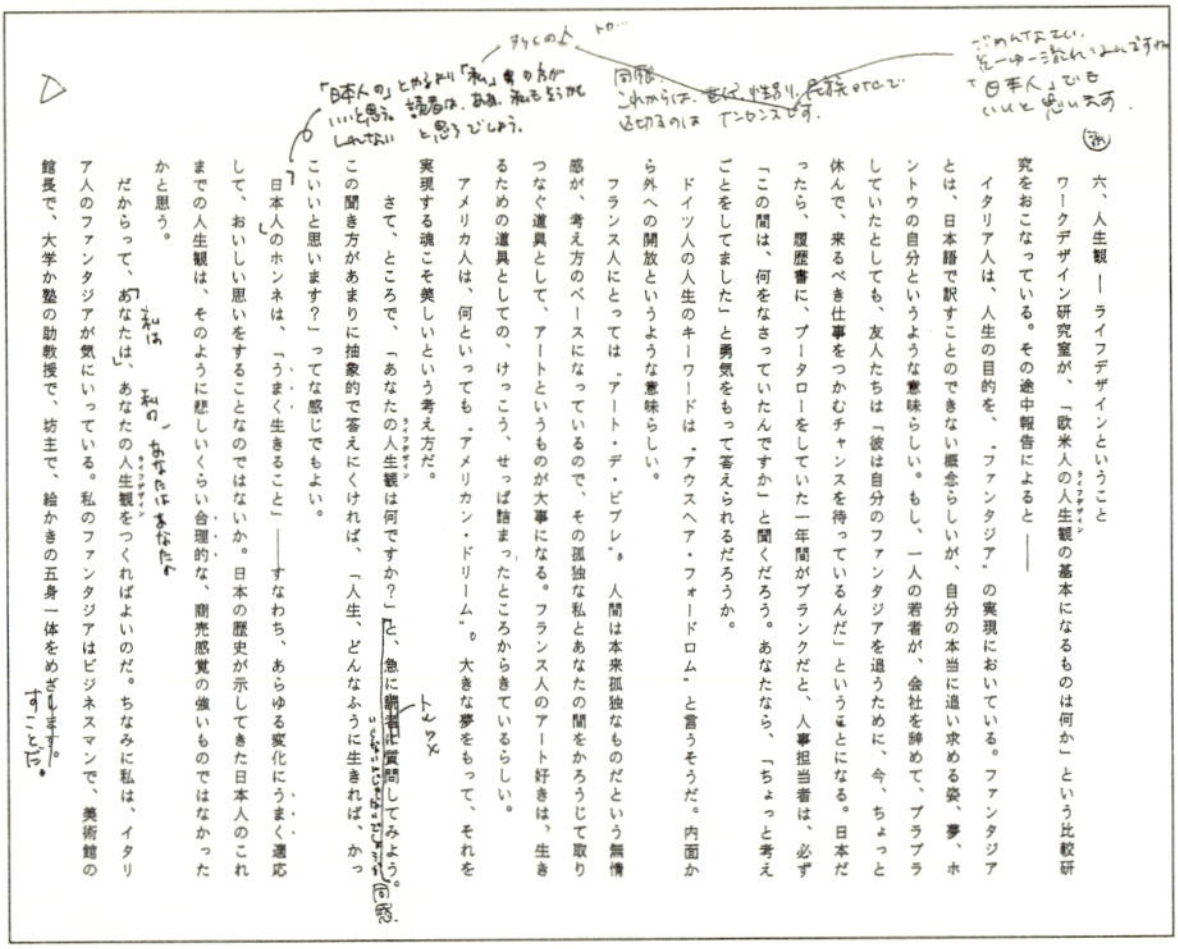

六、人生観 ― ライフデザインということ

ワークデザイン研究室が、「欧米人の人生観《ライフデザイン》の基本になるものは何か」という比較研究をおこなっている。その途中報告によると ――

イタリア人は、人生の目的を、〝ファンタジア〟の実現においている。ファンタジアとは、日本語で訳すことのできない概念らしいが、自分の本当に追い求める姿、夢、ホントウの自分というような意味らしい。もし、一人の若者が、会社を辞めて、プラプラしていたとしても、友人たちは「彼は自分のファンタジアを追うために、今、ちょっと休んで、来るべき仕事をつかむチャンスを待っているんだ」ということになる。日本だったら、履歴書に、プータローをしていた一年間がブランクだと、人事担当者は、必ず「この間は、何をなさっていたんですか」と聞くだろう。あなたなら、「ちょっと考えごとをしてました」と勇気をもって答えられるだろうか。

ドイツ人の人生のキーワードは〝アウスヘア・フォードロム〟と言うそうだ。内面から外への開放というような意味らしい。

フランス人にとっては〝アート・デ・ビブレ〟。人間は本来孤独なものだという無情感が、考え方のベースになっているので、その孤独な私とあなたの間をかろうじて取りつなぐ道具として、アートというものが大事になる。フランス人のアート好きは、生きるための道具としての、けっこう、せっぱ詰まったところからきているらしい。

アメリカ人は、何といっても〝アメリカン・ドリーム〟。大きな夢をもって、それを実現する魂こそ美しいという考え方だ。

さて、ところで、「あなたの人生観《ライフデザイン》は何ですか？」と、急に読者に質問してみよう。この聞き方があまりに抽象的で答えにくければ、「人生、どんなふうに生きれば、かっこいいと思います？」ってな感じでもよい。

日本人のホンネは、「うまく生きること」――すなわち、あらゆる変化にうまく適応して、おいしい思いをすることなのではないか。日本の歴史が示してきた日本人のこれまでの人生観は、そのように悲しいくらい合理的な、商売感覚の強いものではなかったかと思う。

だからって、あなたは、あなたの人生観《ライフデザイン》をつくればよいのだ。ちなみに私は、イタリア人のファンタジアが気にいっている。私のファンタジアはビジネスマンで、美術館の館長で、大学か塾の助教授で、坊主で、絵かきの五身一体をめざします。

『処生術』誕生のもととなった『ライフデザイン革命』の余白の書き込み

これはすごくおもしろいなと思って、そのまま新潮社に持っていきました。『処生術』誕生秘話です。

多少とも、何か表現をしたいという人は、誰に頼まれることなく、表現し始めることがとても大事です。絵でも、文章でも、写真でもいい。どんなに稚拙でも、たとえば写真集にしてみる。文章なら自費出版。絵なら画集。あるところでまとめてみて、それをあらゆる機会に持ち歩く。もし出版したいのであれば、一〇社、二〇社断られても、最終的に誰か認めてくれると信じることが大事なんです。

『処生術』の推薦文を書いてくれたテリー伊藤さんは、『お笑い北朝鮮』という本を書いて大ヒットさせました。当時すでに『たけしの元気が出るテレビ』などを手がけた演出家として有名でしたが、あれだけ名前のある人でも、出版が決まるまで一〇数社断られたと言ってました。ぼくもその当時、メディアファクトリーという出版社に関わっていましたから、その本の話をいただいて、「ちょっと、それは勘弁してくれませんか」と断わってしまいました。「北朝鮮」で「お笑い」というコンセプトでしょう。そのあと『お笑い共産党』という本も出ましたけど、その企画力には脱帽です。

ぼくは、テリーさんの時代を読むセンスについていけなかったけれど、結局飛鳥新社が出版して大ヒットした。そんなものです。とにかく、三社や四社まわったくらいで認めてくれるなどということはありえない。

日本の社会では、一冊本を出すと「先生」などと呼ばれます。ぼくはそう呼ばれるのを必ず断っていますが、そういう意味でも確かに威力はある。とにかく、ある程度の分量になるまで書いて、それを持ち歩く。あるいはプロに読んでもらうことが大切なんですね。

わかってくれる人がいるかもしれない、いないかもしれない。もしわかってくれる人がなかなか見つからなかったとしても、そこでへんに媚びて、全然違うものに変えてしまうと自分自身を失っていくことになる。だから頑固さも必要です。

ぼくがその点でスゴイなあと驚くのは中谷彰宏さんです。

彼の著作、『○○の達人』というシリーズは大ヒットしました。このスタイルを最初に始めたのはメディアファクトリーで、中谷さんとぼくのスタッフでミーティングして作り出した。最初は『大人の恋の達人』という本でしたが、半年もたたないうちに一〇冊ぐらいのシリーズになった。新人をシリーズで売り出していくというのは、なかなか勇気のいることで、メディアファクトリーにとって初めての挑戦でした。

本の内容も、はじめからユニークなスタイルだったのですが、おもしろいのは、売れる前から彼のなかに、もう五〇冊の本のイメージができ上がっていたことです。

なぜ五〇冊かといえば、本屋さんの棚が大体五〇冊で一段だからです。一段全部埋まれば、それはもう中谷さんの棚。彼は、五〇冊を越えた時に本屋さんに出向き、出版社別ではなく、中谷彰宏の棚として陳列してもらえるように提案したそうです。

そういうことを見据えて、五〇冊というノルマを課し、それをちゃんと達成する。これはやっぱりすごいと思います。そして、彼の著作は今ではもう三〇〇冊を越えているのではないでしょうか。これは、書籍というツールを使って見事に自分をプレゼンテーションした例です。

僕の場合は、まず自費出版という形から、書籍というものを生み出しました。その処女作には、自分自身のプレゼンテーションという意味で、思い切った試みをしています。普通、書籍の最後には、五行ぐらいの著者紹介があります。僕はこれを一〇ページの履歴書にしてしまった。そして華々しい活躍だけを抜き出して書くという従来のスタイルもやめました。ここには、うまくいったことも失敗も記されています。むしろ、どんな失敗をしたかに、ぼく自身のキャラクターが最も表現されているのかもしれません。

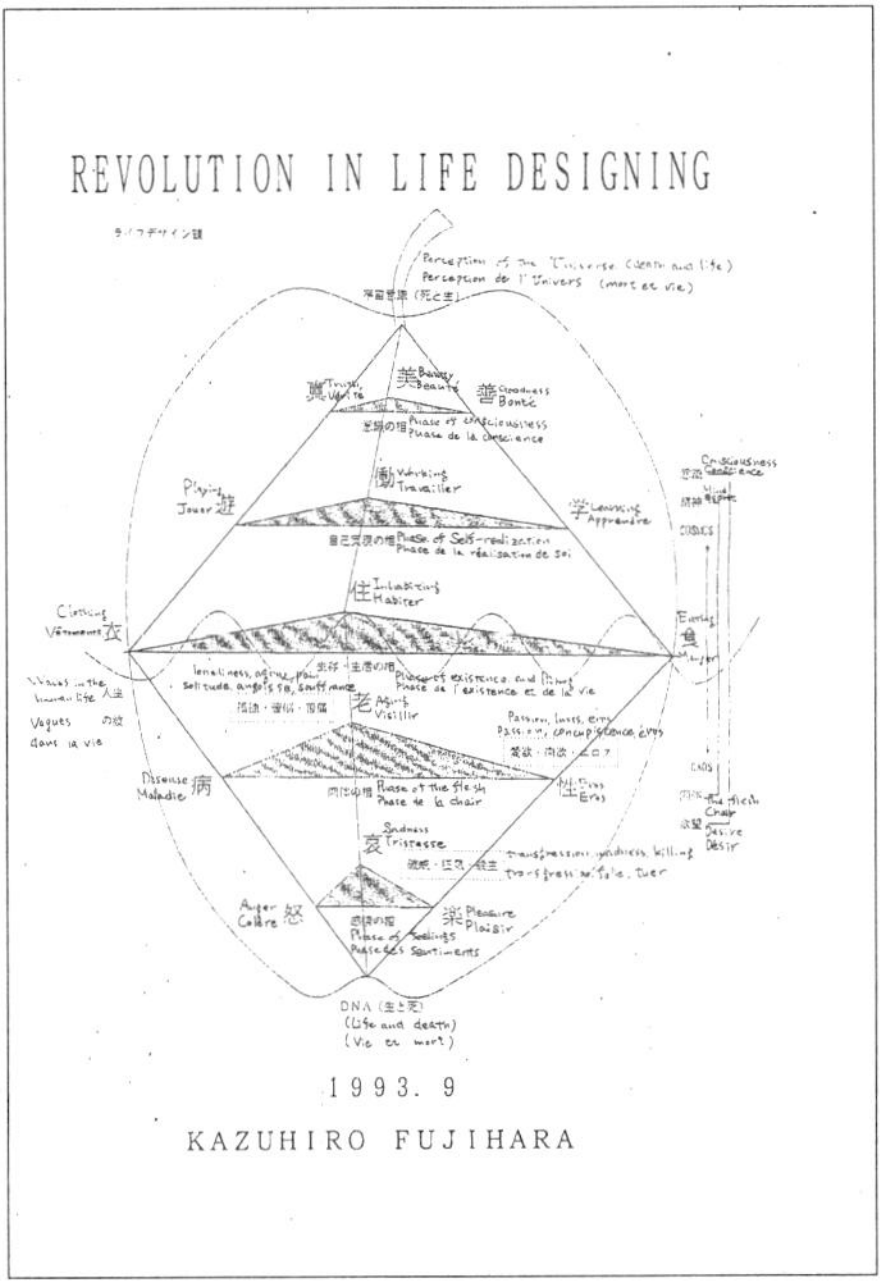

自費出版した『ライフデザイン革命』の裏表紙

有無をいわさず通す企画書

企画書というのは、サラリーマンにとって、プレゼンテーション能力が形になって試される場です。販売戦略の企画、新規事業の企画など、会社や事業所として取り組む大きなものもあれば、課やチーム単位に日々発生する業務に関わるものもあるでしょう。

ぼくは、会社の会議に不必要な人には三つのタイプがあると思っています（詳しくは『エネルギーを奪う仕事、もらえる仕事』新潮社刊参照）。そのうちのひとつが、「この点はどうなっているんだっけ?」「この場合の試算は出ているのかな?」などと、一見もっともらしい意見を述べる「評論の人」。あらゆる問題点を掘り起こし、評論することに生き甲斐を見いだしている人です。そんな人とはできるだけお付き合いをしないほうがいい。

とはいっても実際には、「チャチャを入れてできるだけ新しい事をしたくない」と考える輩が、とくに中間管理職に多いのも事実です。

そこで、そんな人たちを相手に有無をいわさずにOKを出させる企画書作成の技。説得

企画書の表紙

できる企画書の書き方を考えてみましょう。

†『じゃマール』創刊の企画書

ここでは、リクルート社で進行したふたつの新規事業の例を挙げながら、見ていきます。まず『じゃマール』をリクルート社の会議に通すときに作った企画書です。これは、ぼくがロンドンにいたときに、日本側にチームを組んで作り上げたものです。

上の図は表紙。これは何をプレゼンテーションするかというタイトルだけを書けばいい。何枚か配置した写真には「老若男女すべてが」という意味を込めているのですが、ここでことさら説明する必要はありません。なんとなく、みんな笑っていて楽しそうだ、ぐらいに感じてもらえばいいわけです。真ん中の

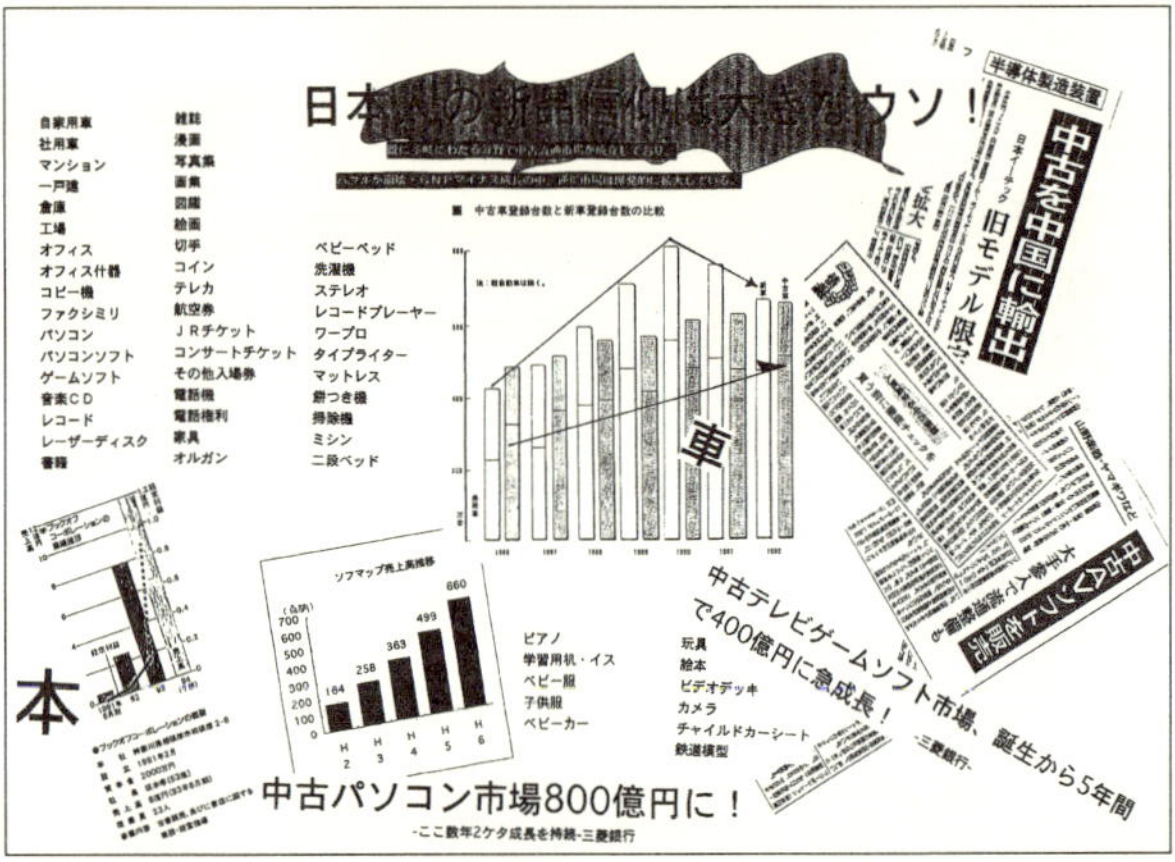

企画書の１ページ目

世界地図も、グローバルに展開できる可能性があるということを示唆しているのですが、説明を必要とはしません。

上の図は１ページ目。「日本人には新品信仰があると思われているが、それはウソだ」ということをまず言っています。その裏付けとして、中古品が注目されているという新聞記事、中古車や中古コンピュータの売り上げデータなどを掲げています。とくに、中央部分の車のグラフを見て下さい。矢印が手書きでグッと右上に書かれているでしょう。この矢印が一本あることで、数字を細かく検討してみるとそれほどの伸びではなくても、中古車市場がぐんと伸びているように強調されているのです。

２ページ目は、ここには載せていませんが、

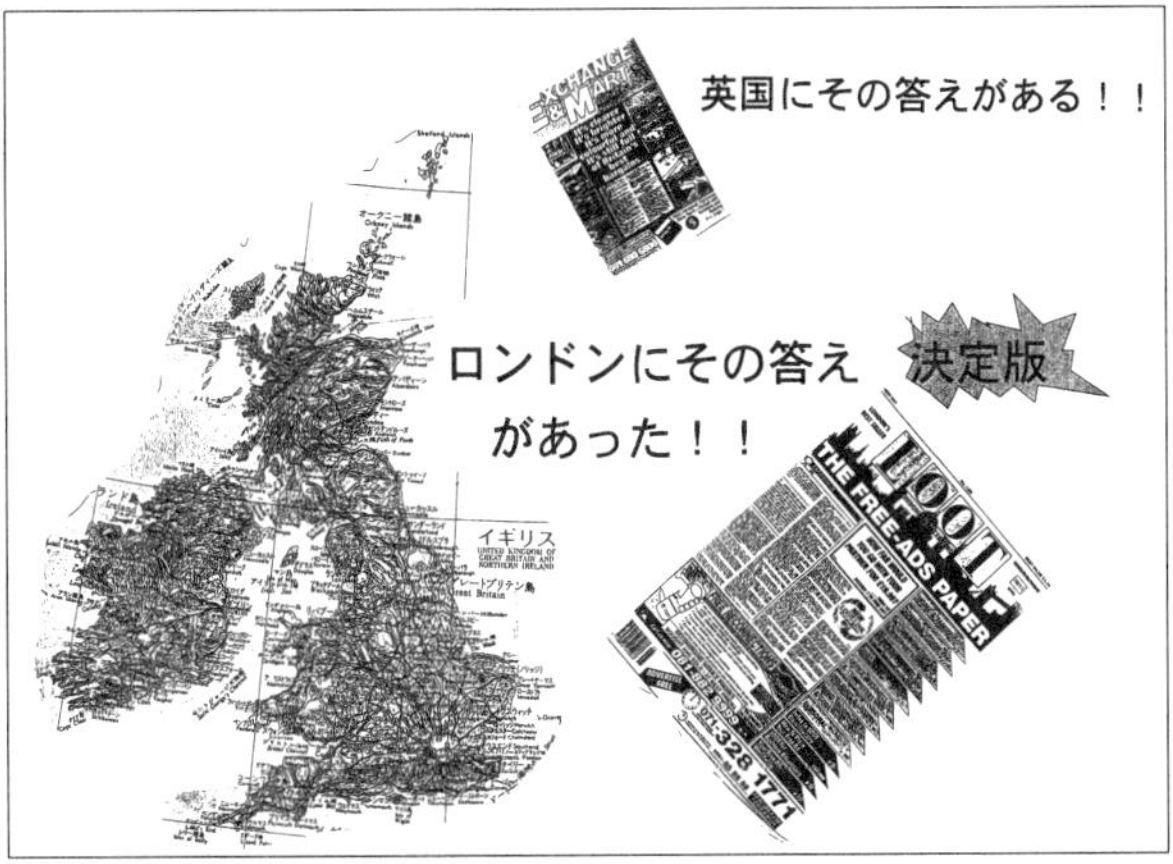

企画書の3ページ目

1ページ目を受けたお題目。ちょっと読んで理解させるページですね。ここでは、欧米並に個人取引が盛んになり、個人売買や人との出逢いそのものをビジネスにする可能性を考えようじゃないかと投げかけています。

　そして上の図のように、3ページ目でひとつの解答をしめします。同時に、ロンドンということを強調して「へぇ？」と驚きをもたせる。左側の地図などは、直接この企画には関係ないのですが、外国だぞ、イギリスだぞ、ロンドンだぞ、ということを強調するためにあるといってもいいでしょう。

　4ページ目も載せられませんでしたが、3ページを受けた、実際にロンドンで発行されている個人売買の情報誌のデータです。今ロンドンで若者に絶大な人気を誇る日刊の個人広告誌『LOOT（ルート）』と、一三〇年以上も前に創刊された老舗の『エクスチェンジ・アンド・マート』を例に出しました。後者は、企業間取引や業者広告の割合が高いという特徴があり、『LOOT』の後に紹介することで対比させ、個人と企業に対するリクルート社のアプローチが鮮明になるように構成されています。

この企画書によるプレゼンテーション内容は、実に単純な紙芝居です。

（1）新品信仰はウソ。もうそういう時代が始まっている。

（2）それを取り込む社会システムを作りませんか。

（3）その答えがイギリスにありましたよ。

（4）もっと古いものもありますよ。

ということです。

プレゼンテーションの話題づくり

ロンドンでは、一三〇年以上も前から個人広告がある。そのときに売買または交換されていたものは……。

そのひとつは奴隷。今風に言うならメイドさん。この売買及び交換が市場として成り立っていたのだ。

もうひとつは、鳥。南の国の色のきれいな鳥をコレクションすることが、ジェントルマンの間で流行っていた。珍しい鳥はステータスの象徴でもあったわけだ。日本でいえば錦鯉や茶器・壺の類ということになるだろう。

企画会議では、こんな話題も出して参加者の興味を引き、現代でも「モノが変わるだけでニーズはある」という意識統一を図ることができた。

ここで大切なのは、ひとつのページでひとつのことだけを言うこと。起承転結を考えてシンプルにもっていけば、どんな企画書でも、四枚ですむ。実際にはもちろん損益の試算などのデータが必要ですから、そういう資料を付けたとしても四枚プラス一枚。だいたいこの範囲で収まらないプレゼンテーションは、ダメなんです。

†アイコンの効果

『じゃマール』の企画書の表紙にある四つの写真は「非常に多くの世代を越えた人々が、このシステム（企画）で助かる」という意味ですが、これを文章で説得するのは至難の業。ところが、写真や絵なら誰にでもイメージできます。企画を考えるときは、そういうアイコンを普段から集めておくといい。〝アイコン〟というのは、意味を代弁してくれる写真や絵や図柄やグラフのこと。そうして、ある程度、頭の中で企画が煮詰まったときに、アイコンの引き出しから材料を持ち寄って、まず絵で表現してみましょう。

よく、ひとつひとつのグラフをきれいに張り付けて、それぞれに細かな説明を書き込む人がいますが、そんなものは必要ありません。企画会議にしても、経営会議にしても、ひとつのプレゼンテーションにかけさせてくれる時間は、せいぜい七〜八分です。フルにやってそのぐらい。もっと言えば、二〜三分で合意を得られないプレゼンではダメなのです。

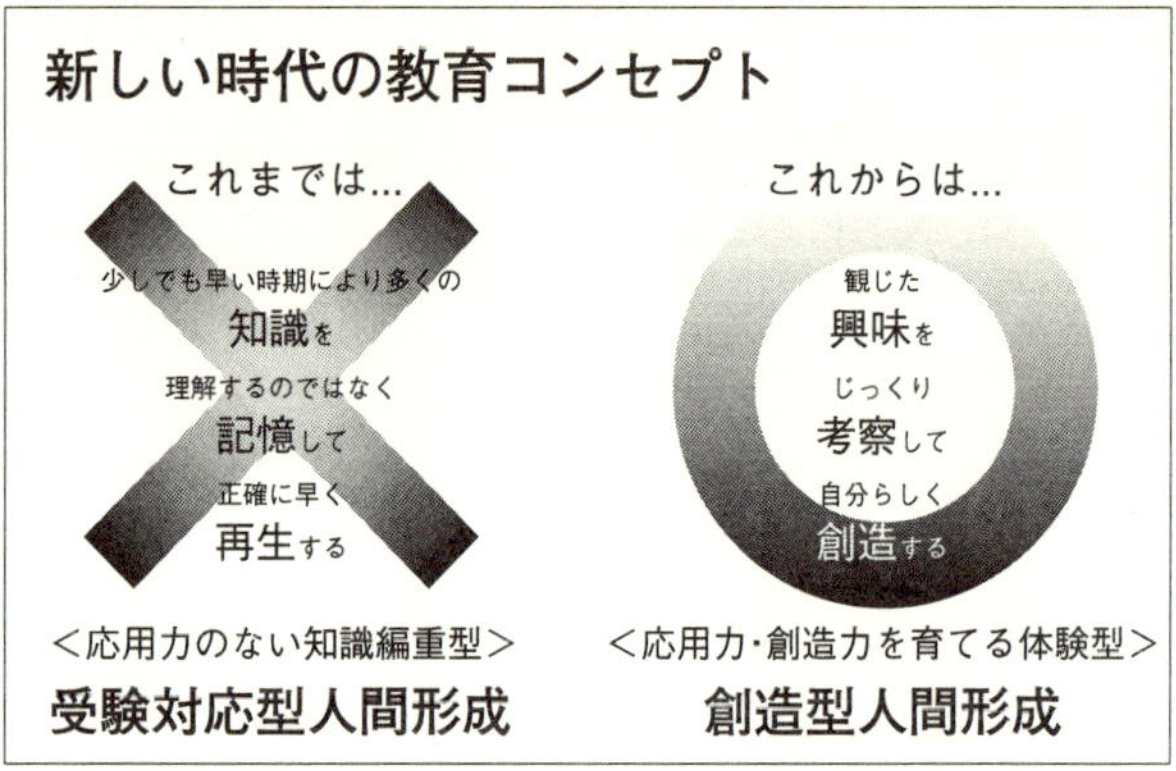
新しい時代の教育コンセプト
これまでは…
少しでも早い時期により多くの
知識を
理解するのではなく
記憶して
正確に早く
再生する
＜応用力のない知識編重型＞
受験対応型人間形成
これからは…
観じた
興味を
じっくり
考察して
自分らしく
創造する
＜応用力・創造力を育てる体験型＞
創造型人間形成

例1　新しい時代の教育コンセプト

五枚の紙芝居なら一枚あたり三〇秒。合計二分半でプレゼンしきれます。そうでなければ通らない。一枚にひとつのコピーですから、ある意味では、一、二、三、四、五と五本のコピーで相手を説得できる企画でなければ通らないということです。

†目に見えないシステムの企画

次に紹介する企画例は、現在進行中のものです。今の受験対応型の知識偏重教育から、もう少し創造的な人間形成を図るような教育システム（方法のひとつとして、まずインターネット上での教育ソフトの開発）を提案しようとしたものです。『じゃマール』の場合は、雑誌の創刊と個人広告の交流を活性化させるシステムづくりのための企画でした。雑誌というすでに世の中に存在するものが介在しているので、新雑誌といっても、ある

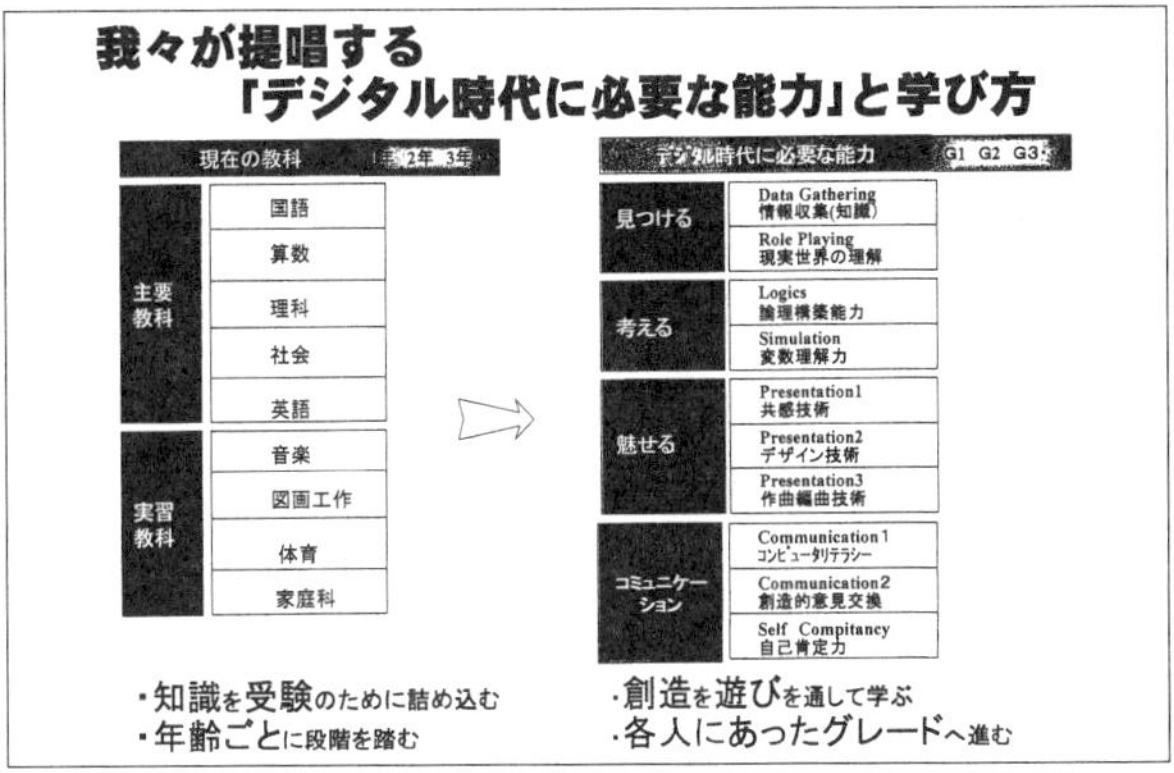

例2　デジタル時代に必要なチカラとは

程度のイメージが沸いてきます。しかし、この「教育システム」は目に見えないもので、しかも、まったく新しいシステムの構築という、プレゼンテーションのしにくい企画です。

まず最初のページ（右ページ例1）。これは非常に簡単に「今までの知識、記憶、再生は×」「創造する人間像は○」と見せている。大きな○と×のアイコンで、ほとんど読む必要もなく、とてもわかりやすいでしょう。もしこのことを、アイコンを使わずに文章で述べたら大変です。共通の理解は得られない。

上の例2は、今までの教育とこれから必要な能力との比較です。現在は、国語、算数、理科、社会、英語、音楽、図画工作、体育、家庭科と、九教科を学校で教育しています。しかし、これからの時代に必要な能力は、国語ではなくて「コミュ

「デジタル時代に必要な能力」の具体的イメージ

デジタル時代の必要能力		G1(入門)	G10(上級)
見つける	Data Gathering 情報収集(知識)	・日常生活の様々なことに興味・好奇心を持つ ・辞典やインターネットで調べる	・あらゆる問題を自分にひきつけて関心を持つ ・欲しい情報を効果的に手にいれる方法・その情報を持っている人を知っており使いこなす
見つける	Simulation 変数理解力	・新しい機能を発見し、新しい場面に応用できる ・今までの経験から推理、予測できる　・3次元を理解する	・手持ちの情報から関連付けたり推論したりして、本質的な事実を把握する
考える	Logics 論理構築能力	・UNDOをつかって行き来して考える ・目標のイメージをもつ	・事柄を論理的に発展させ、整理・構築する ・問題意識を整理しテーマを設定する ・様々な角度から論を展開できる
考える	Role Playing 想像世界の構築力	・何かを何かに見立てたり、演じる ・架空の存在を表現する	・引用、比喩をつかってイメージを広げる ・架空のストーリーによって表現できる
魅せる	Presentation 1 デザイン技術	・自分のイメージを絵で表現し広げる ・色や形の快さを工夫したり感動したりする	・伝えたいことを図や絵で効果的に表現し広げる ・人に感動を与えるグラフィックを創れる
魅せる	Presentation2 作曲編曲技術	・自分のイメージを音・メロディ・リズムで表現し広げる ・音・メロディ・リズムの快さを工夫したり感動したりする	・伝えたいことを音楽で効果的に表現し広げる ・人に感動を与える音楽を創れる
魅せる	Presentation3 共感技術	・自分が作ったものやアイデアで相手の興味をひこうとする	・説得でなく共感させて人を巻き込む ・言葉や絵・音楽などを使ってわかりやすく力強い表現をする
コミュニケーション	Communication 1 コンピュータリテラシー	・パソコンを遊びの道具として気軽に使える	・主なアプリケーション、OS、ネットワークを理解し、目的にあわせて選択、使用する
コミュニケーション	Communication2 創造的意見交換	・遠くの人とインターネットでやりとりする ・人と相談しながら作品を作り上げる楽しみとルールを知る	・一案を信じ込まず、案を批判的に見直し高められる ・WIN－WINを胸に、複数でやりとりしアウトプットを高める
Self Competency 自己肯定力		・自分で考え自分で行動する楽しみを知る ・作品を作り上げた満足感を得る	・自分たちで解決できるはずだという自信と信条を持ち、目的的で積極的な行動ができる ・自分の特徴を把握し、自信をもって意思決定、できる

例3　もっと具体的なチカラの解説

ニケーションするチカラ」、算数は「ロジックするチカラ」、理科は「シュミレーションするチカラ」、社会は「ロールプレイングするチカラ」、こういうチカラが生きるために必要なチカラだということを説明しています。

そして上図、例3のように、そういうチカラを鍛えられる学習環境をネットワーク上で供給していこうという提案へつなげます。

†理解してもらうための説明方法

さて、この考え方は「英数国」を中心とした受験勉強に慣れ親しんだ人にはなかなか分ってもらえません。そのときに見せたのが左上の例4です。

今までわたしたちは、パソコンのワープロや表計算、データベースという「機能」を使ってきました。しかし「ウィンドウズ」というOSが登場

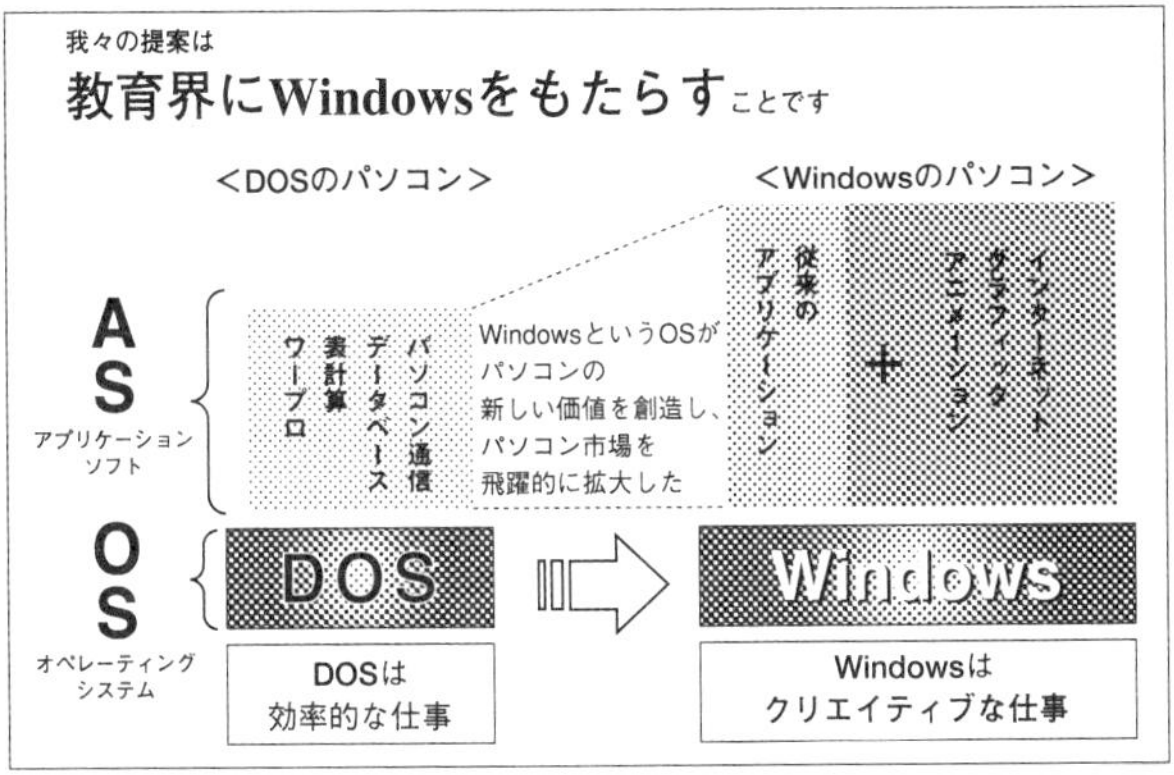
我々の提案は
教育界にWindowsをもたらすことです
<DOSのパソコン>
<Windowsのパソコン>
AS
アプリケーションソフト
パソコン通信
データベース
表計算
ワープロ
WindowsというOSがパソコンの新しい価値を創造し、パソコン市場を飛躍的に拡大した
従来のアプリケーション
+
インターネット
グラフィックス
アニメーション
OS
オペレーティングシステム
DOS
Windows
DOSは効率的な仕事
Windowsはクリエイティブな仕事

例４　教育の世界のOSを変える

して、もっとクリエイティブな仕事ができるようになった。従来のアプリケーションももちろん使いますが、それに加えてアニメーション、グラフィックス、インターネットなど、非常にクリエイティブな幅広い仕事ができる。同じように、この企画は、教育の世界のOSに「ウィンドウズ」を確立することです、と説明したわけです。

この説明は、プレゼンテーションの相手であるビジネスマンにとっては、とてもわかりやすいものでした。身近なパソコンの話ですから、共通認識が頭の中にできあがっている。教育という見えにくいシステムが、急に具体的になって現れ、プレゼン会場全体の雰囲気がプラスの方向に動きました。

どんなにすばらしい企画でも、プレゼンテーションをするときは、相手の頭の中にあるイメージ構造を利用しなければ、分ってもらえません。知らない例をいくら出しても逆効果です。もっといってしまえば、イメージをもっていない者に対して、イメージ自体をプレゼンすることは不可能です。

たとえば1+2=3だとわかっている人がいる。つまり頭の中にそういうイメージがある人のことです。その人には1+3=4だということも理解できます。しかし1+2=3だということがわかってない人に1+3=4だということをプレゼンテーションしなくてはならなかったら、大変なことでしょう。

雑誌のように形のあるもの、あるいは「新しい傘」「レジャー用の車」という形のあるものは共通認識をつくりやすい。今は存在しないものでも、たとえば「空飛ぶ車」だとしても絵を描くことはできます。他の国などに例があるものも説明が付くでしょう。問題は、どこの国にも例がなく、しかも形がないものをプレゼンテーションする場合です。

情報化や国際化で社会構造が変わってきていますから、こういうケースはどんどん増えると思います。サービスそのものを開発するとか、システムや仕組みを提案する場合に大事なのは、相手の頭の中にすでにあるイメージ構造をそのまま利用するということ。相手の頭の中にないイメージを作り出すには、半年も一年もかかる。つまり、そんな企画は通らない。

「ウィンドウズ」を例に出したのは、相手の頭の中に既に入っていて、しかも非常に象徴的な社会現象になったものだからです。しかも、アプリケーションをつくるのではなく、それを支えるシステムという意味で「教育のOS」という表現をした。

こういうプレゼンテーションでは、決めの一言をいうのにどんな〝メタファー〟を使うかということで勝負が決まります。CDがDVDになったとか、パソコン通信からインターネットになったという例でもいいのですが、新規事業の提案にはとりわけ、ドラスティックな社会変化をメタファーにすることをおすすめします。

†四回頷かせるプレゼンテーション

もうひとつ、人間の生理的な部分にも関わる技術を紹介しておきます。たとえば「ウィンドウズ」を例に挙げて、「これは素晴らしいんだ」ということを参加者に納得してもらったとします。プレゼンテーションの紙芝居はこれから何枚か続くわけですが、一旦この構造が頭の中で理解できると、このイメージはずっと頭に残ります。つまり同じパターンでずっと繰り返しながら、少しずつ中身を変えていって、最後に自分のいいたいことに到達するという方法です。

1+2=3という構造を理解したら、1+3=4ですね。それなら2+3=5でしょ、と。そうすると、相手は「イエス、イエス、イエス」と頷かざるを得ない。同じ構造を使って、そのなかの言葉をずっと入れ替えていく。同じパターンを繰り返していくうちに、いつのまにかこちらの最終的な意図に近づいているわけです。

「これはこうなりますよね」

「うん」

「それではこうなりますよね」

「うん」

と四回ぐらい繰り返し、最後に

「ではこの形でこういう予算をつければ、これは成し遂げられますね」

と言う。そうすると、すでに五回目ですから、けっこうイエスって言ってしまうものなんです。こういう風に頭を縦に振り続けて、最後に頭を横に振るのにはものすごいパワーがいる。しかも、会議の場に一〇人いて、自分の他の九人が頭を縦に振ってるときは、相当の意志がなければ横には振れない。

この手法は、宗教の勧誘や高額商品を売る密室商法などにも応用されています。使い方によっては、とても嫌らしいものですが、効果が高いことは間違いない。いったん知ってしまえば、悪質な勧誘からの護身に役立つかもしれません。とにかく、最初の「1＋2＝

3」という認識をいかに強固なものにするか。その場にいる人たちにとって普遍的な真実であればあるほどいい。

キレイなプレゼンは強いか？

さて、先に説明した『じゃマール』創刊のプレゼンテーションと、この「教育システム」のプレゼンでは、一見して違いがあります。『じゃマール』の企画書は、文字はワープロで書きましたが、雑誌の写真や新聞を使い、切り貼りして完成させています。文字の大きさを変えたり、ナナメに貼ったりしていますが、デザイン的には洗練されているとはいえません。

実は『じゃマール』と「教育システム」のプレゼンテーションには、約四年の開きがあるのです。その間にそれこそ「ウィンドウズ」なるマシンが登場して、きれいな企画書が作れるようになりました。最近のワープロにはたくさんの書体があり、自由にレイアウトできるようになっています。ちょっとセンスのある人なら、もっと美しくカッコいい企画書に仕上げることもできるでしょう。OHPやパソコンでのプレゼンに対応した「パワーポイント」という便利なソフトも出回っています。

さて、あなたはどちらの企画書にインパクトを感じますか？

たしかに、「ウィンドウズ」が出回り始めた頃は、タイトルに飾り文字が使われていたり、絵柄の罫線で囲われていたり、あるいは高性能のカラープリンタを惜しみなく使った写真のように美しいプレゼンテーションに、みな、ため息をついたものです。

しかし、みんなが同じような高性能ソフトを使うようになった今、何か物足りなさを感じてしまうのは、ぼくだけでしょうか？

美しく彩られた企画書には個性が見えません。書いた人のパワーや意気込みも感じられにくい。なまじ読みやすいだけに、疑問に思ったり、矛盾を感じることなく「ああ、そう」と、どこにも引っかからない。「この企画を通したら、おもしろいことが起こりそうだな」という手応えも感じてもらえないかもしれません。完全無欠の自己紹介、カラー印刷の年賀状が、すぐ忘れられてしまうのと同じことです。

パソコンで文書を作るのが当たり前になった今、再び切り貼りのダイナミックさ、メッセージ力の強さを、改めて見直してもいいように思います。

†物語のあるプレゼンテーション

さて、あなたのプレゼンテーションが、幸いなことに社内の企画会議を通ったとしましょう。その次は、社外の人を引き込んで、プロジェクトを立ち上げなくてはなりません。

まったく違う土俵にいる人を巻き込むとき、やはりそこに工夫が必要です。

ぼくは、「新しい教育システム」という実体の見えないものを説明するときに、たとえば「A、B、Cという段階をふんで1・2・3・4・5という要素を学ばせることが、デジタル化時代の教育コンセプトとして必要ではないですか」と、何度か論理的な言い方で説明をしてみました。これだと若い人はすぐわかるのですが、わからない人もたくさんいた。

そこで、今子どもたちが置かれているコンピュータの世界を「情報化の海」というふうにたとえて物語を作ったのです。

泳ぐことを知らない子どもを、いきなり海に放り込んだらどうなりますか？「情報の海」も同じで、いきなり海に放っても、どちらに行ったらいいかわからないし、泳ぎ方も知らないから、インターネットの海の中で溺れちゃいます。やっぱり子どもには、まず泳ぎ方を教えなければいけない。

ぼくは息子を、四歳のときに初めて海へ連れていきましたが、いきなり波をかぶっちゃって、もう二度と嫌だって泣かれたことがある。そうならないためには、プールで遊ばせるということがすごく大事です。最初は四〇センチメートルの深さで水に慣れる。そのうちに屋内プールでフロートなど道具をつけて浮いてみる。子ども用の水中めがねをつけてあげると、大体二時間ぐらいで水と親しむようになって、犬かきなどを自分で始めます。

それも慣れてきたらフロートを取ってあげると、端から端にちょびっと泳いでみたりする。そうなれば、海岸に連れて行っても大丈夫です。それもリーフに護られたベイがいい。もちろん波はくるだろうけど、バッシャーンという感じで強い波に押し倒されるようなことはないでしょう。

そんなことをやっているうちに、シュノーケリングなどができるようになります。初めて水中めがねを通して海の中を覗いたときは、今まで知らなかった世界が開けてとても感動するに違いない。間近に魚が泳いでいて、スゴイ、スゴイとずっと泳ぎまわって、放っておいたらふやけるまで帰ってこない。

慣れてくると、だんだん魚と一緒に泳ぎたい、アワビやウニを捕ったり写真を撮りたい、と思うようになるわけです。それならダイビング技術が必要だとなれば、専用のプールで訓練してから海へ出ます。

新しい「教育システム」で提案しているのは、こういう段階的な育成を可能にするソフトの開発です。名付けて「シーホースベイ（タツノオトシゴ湾）・リゾート計画」。「シーホースベイ・プロジェクト」の中身は、「インターネット上の教育用ブラウザ」の開発です。さてあなたは、次に示す「A型説得」と「B型説得」のうち、どちらに魅力を感じるでしょうか？

A型説得

情報化時代にコンピュータネットワークを使って、子どもに

ロジック能力
コミュニケーション能力
シミュレーション能力
ロールプレイング能力
プレゼンテーション能力

をつけさせるソフトの開発をします。

B型説得

情報（インターネット）の海でもおぼれない子を育てるために、フロートや水中めがねやシュノーケルのような道具を使って、泳ぎを教えましょう。

クロール
平泳ぎ
背泳ぎ
のし
立ち泳ぎ

そして、シュノーケリングからダイビングとすすみ、ネットサーフではなく、ネットダイブの楽しさを教えます。

A型説得の展開

シーホースベイの基本機能

1)6歳から15歳の子どもが使う〝湾内の海〟を背景とした教育用ブラウザ
2)教師も、父母も、学者もビジネスマンも、出版社も放送局も覗きに来る
3)立ち上げると自分の近くに5匹の友だちが現れる=5つの愛用のホームページ
4)〝タツノオトシゴ〟が狂言回しとしてナビゲーター兼エージェントを務める
5)近くを回遊する魚たちをクリックするとHPに飛ぶ(推薦ものを泳がせる)
6)海のあり様や推薦ものはどんどん変わって新しいものを取り入れてゆく
7)このベイには監視員(評価委員会)がいる=SHBC(ベイコミッティー)
8)権威をものともしない子どもを育てるためNASAや東大に楽にネットからアクセス
9)自分の好きなHP(何回もクリックしたもの)がやがて近くを泳ぐようになる
10)ベイにははじめ5カ所ほど名所があり、それらは出版社の参加で増えてゆく
I.難破船:世界中に歴史上現れた天才たちが住んでいて今も活動している
ここでは子供達だけが天才たちと直接話し、彼らの視点から世界を見られる
II.プロトの宝島:教育用試作ゲームソフトのプロトタイプざっくざっくの島
ここではデモゲームができる他、自分流のゲームを作る手ほどきが受けられる
さらに世界中の子供達にボトルに入れたメールを送れる(イベントもある)
世界中の出版社がここをウォッチして、商品化できる企画を探している
資本がなくてもデモプロトさえ作れば、お宝としてこの島に埋められる
この島が教育者、学者と現場の小中学校の教師と企業のソフト開発者の会話の場に
III.昆虫採集の森:砂浜に隣接して無邪気に昆虫採集できる森がある
ここには、アウトドア活動やサマーキャンプなど実体験の情報を整理満載
IV.竜宮城:じつはリゾートのプールとつながっているWARPの広場
ここでは、WARPメソッドを使った先端的なテーマ学習がネットで行われる
V.松岡海溝と洞穴:深い深い物語の海への入り口、洞穴を見つけると外海へ
〝編集の国〟とリンク、インターネットの外海へ出る秘密の洞穴を探せ!
11)世界中のクオリティの高いWEBサイトへは泳ぎまわる魚達からリンク
12)世界中のクオリティの高いソフトは15分以下のプロトにして宝島に埋める
13)すでに発売されたCD-ROMでも一部を摘んで音楽やプライズを再加工する
14)湾の前にある幼児用プールでは水(情報とコンピュータ)に慣れる遊びを
15)大人用プールでは〝情報編集力〟=泳ぎの基礎をテーマ学習で学ぶ
16)ロジック=バタ足、コミュニケーション=手かき、データアクセス=顔つけ
17)シミュレーション=クロール、ロールプレイング=平泳ぎ
18)プレゼンテーション=潜水の遊び方を学ぶ、最後は自分の魚を海に泳がせる
19)海のキャラクターを自分でつくるプロセスは情報編集力の基盤となる
20)基本的に〝教えない〟=〝想い出される〟手法を探る

B型説得の展開

僕は初め、いつも夏にお父さんに連れていってもらう海の波が怖かった。

でも、このあいだ行った〝シーホースベイ・リゾート〟の海では、特別楽しかった。ホテルの前にあるプールで十分に水に慣れることができたし、フロートとグラスをつけて友達と水中ジャンケンをやる頃には、僕もすっかり水の中の世界のとりこになっていた。だからシュノーケルをつけて、湾の海岸沿いを泳ぐ練習をしてから、もっと深いところへ行って魚たちと戯れたり、ウニを捕ってきてお母さんに食べてもらえたらいいなあと思ったよ。

はじめてアクアラングのような子供用の潜水具をつけてシーホースベイに潜ったとき、目の前に広がる透きとおったマリンブルーの世界がまぶしかった。僕はこれからどこに行ったらいいか分からなかったんだけど、いつのまにか不思議なカッコをした〝タツノオトシゴ〟が現れて、何匹かのお友達を紹介してくれた。1人は僕を南極に連れていってくれる〝オットセイ〟、2人目はNASAとかいう宇宙の研究所にいっしょに忍び込まないかと誘う〝アカエイ〟、3人目は〝トーダイ〟とかいう博物館で珍しいものをいっぱい見せてくれる〝タイ〟、4人目はシーホースベイの底に沈む難破船にはかつて地球上に暮らした天才達がまだ絵を描いたり音楽をつくったり科学の研究をしていて子供達だけには直接会って話をしてくれるよと語る〝亀〟、そして5人目はためになるゲームの宝島に僕を案内してくれる〝イルカ〟。それぞれが自己紹介してくれた。

僕は絵が好きだから、1日目には〝亀〟について底の方に潜ってゆくと、難破船の窓から教科書で見た〝ゴッホ〟とかいうおじさんが手を振っている。窓から中を覗くと、とっくの昔に死んでしまったとばかり思っていた絵描きや音楽家や科学者達が、いまも自分の腕を磨いているんだ。僕はちょっとだけ〝ゴッホ〟の部屋に入って内緒でおじさんが青く塗った部屋の壁をおじさんが好きだったはずの黄色に塗り替えちゃうイタズラをして逃げてきた。でも、なんか黄色で塗ると、僕、息苦しくなったような気がしたなあ。

宝島にはねえ、〝プロト〟と呼ばれる星のカケラがいくつもあってねえ、それに触るとアッという間に世界が変わって、いろんな国に旅ができるんだ。鳥になって大空を翔けめぐるゲームだったり、畑の中のミミズになってみるゲームだったり。いつでも僕が主人公。だから僕はなんか、神様になったような気がしたよ。世界中にお友達をつくるためにボトルにメールを入れて海に流すこともできるんだ。

〝クジラ〟くんがたまに迷いこんだり、〝サメ〟に襲われちゃうことだってあるんだってよ。深い深い海溝や、謎の洞穴を見つけると、大人が使っている〝いんたーねっと〟とかいう外海にも出てけるんだってさ。ホントだよ。

(次のページの「シーホースベイ・リゾート」の図もあわせてご覧下さい)

プレゼンテーション用ビジュアル

「シーホースベイ・プロジェクト」の

「A」は、箇条書きで機能を説明しています。「B」は物語とビジュアルでプレゼンテーションした例です。「A」の説明パターンでは、納得してもらえたとしても、「アッなるほどね」で終わってしまう。「B」では、子どもに体験を語らせるという手法をとりました。初めて泳いだときの体験は誰でも持っているものです。この物語を語った途端に、自分もこのベイを作ろう、シーホースベイを作るのに荷担しよう、という人がグッと集まったことは想像に難くないでしょう。

こういう話の置き換え(メタファー)で、物語づくりに惹《ひ》き込んでいくと、グーッとみんなの意識が集中してくる。つまり「B」のほうが、はるかに魅力的で、協力者のエネルギーを引き込みやすい。「インターネット上にまったく新しい教育用のブラウザを開発する」というより、「インターネット上に子どもたちの未来のためにシーホースベイ・リゾートを開発する」というほうが、運動エネルギーに満ちているということです。

プレゼンテーションのビジュアル

フランス人とコミュニケーションをとる場合に、お互い不自由な英語でやると、失われるものがすごく多い。言葉が通じない外国人へのプレゼンテーションには、ビジュアルがとても重要だ。

この絵は、ゴッホの絵をコンピュータ処理して、その風景の中を、子どもたち自身が歩き回って発見をしていくという新しいCD-ROMの教育ソフト制作現場で、次回作の打ち合わせをしたときに使用した素材。

第一作はコンピュータ上の遊びを通して、ゴッホの見ていた世界、ゴッホがどういう視点をもって絵を描いていたのかということが体感できるソフト。これをもう少し広げて、場所を江戸に移してはどうだろうかというのが、このプレゼンテーションの狙いだ。簡単にいうと、広重と北斎の浮世絵を舞台にして、その中をさまようというもの。

さらに、かけあわせるひとつのストーリーとしてイメージしたのは、レオナルドという宣教師を登場させるということ。たとえば、宣教師レオナルドが、江戸に現れる。彼が江戸に現れると津波が襲い、江戸は水没の危機に瀕する。そしてルネッサンス世界と近代技術が全部凝縮された存在であるレオナルドとともに江戸を救う。

アートの中を自分で泳ぎ回り、自分で何かを発見する楽しみ。あるいは日本の文化に親しませるということもできるだろう。レオナルドを通して西洋と日本文化を同時に体感できる。

こういうプレゼンテーションを言葉だけでしようと思うと、とてもまだるっこしい。だから、ビジュアルで表現する。

はっきりイメージが伝わる視覚的な土俵をつくれば、それを指差しながら、双方でいろんな意見がいえる。極端な話、日本語とフランス語でやりあったっていいのだ。

コラム❸ プレゼンし過ぎると失敗する

プレゼンをし過ぎると、相手方のロマンやビジョンや夢に、みすみす、水をかけてしまって失敗することがあります。

たとえば、ハウスメーカーが家を建てようとするお客様（施主）を捕まえて受注を急ごうとする場合など、よく最新のコンピュータソフトを使った3Dコンピュータグラフィックスによるプレゼンが行われます。メーカーによっては、壁のテクスチャー（肌合いや塗ったときの感じ）まで分かるハイレベルの3Dモデルを使って、見せてくれます。

ぼく自身プレゼンを受ける側として体験した例では、これはかえって逆効果で、メーカー自慢の3Dを見せられながら、「自分の家は、こんな風にはしたくない」という思いが募ってきてしまいました。

第一の理由は、平面の間取り図や、軽く彩色したパース（空間の様子をスケッチしたもの）に較べて、3Dは情報量が多すぎるために、ちょっとしたニュアンスやセンスの違いでさえも、取り返しがつかないくらいギャップがあるように感じられてしまうこと。いいかえれば、下手にリアルなだけに、ごまかしが利かない。

第二の理由は、家具のないガランとしたリビングや、クッションのないソファや、花瓶に花を生けてもいない和室や、植栽のない外観は、かなり無味乾燥な感じがして、施主のロマンに水をかけること。背景のリアルさだけが際だって、本来手前に息づいているはずの血の通った人間の生活が浮き上がってこないのです。

一方、3Dは、大規模な町の開発計画やビルの場合のランドスケープ（景観）デザインなどを、様々な角度から検証するには有効です。光の当たり具合によって外観がどんな変化を見せるか、夜の照明計画は実際に建物をどんな風に引き立てるかを見るのにもよいでしょう。また、個人住宅についても、もう実施設計段階に入っている施主が、設計者とともに、外観や内装の色味を検討したり、空間構成に無駄がないかを検討したりするには向いています。

3Dグラフィックスのような情報量の多いクールなメディアは、選択肢を狭めていくような局面で、限定的に利用されるべきものです。

だから、施主がまだ煮詰まっていない前期の段階、つまりまだ幾重にも動機づけが必要な場面では、バリエーションが幾通りかあるいは、平面図や色鉛筆で軽く彩色したパース、あるいは、手作りのウレタン模型の方がよっぽどホットで、夢が実現しそうだという期待を繋ぐことができます。

ぼくたちは、初めての面接でも、客先への訪問の場面でも、お見合や初めてのデートでも、けっこう3Dグラフィックスで自分を見せてやろうと気張っています。プレゼンの情報量が多すぎると、相手は、相手のロマンに水を差されて辟易としてしまうのに。

プレゼンも、やっぱり〝腹八分目〟がいいようです。

第４章

物語るこころ

――プレゼンテーションの出来を決める三つの法則

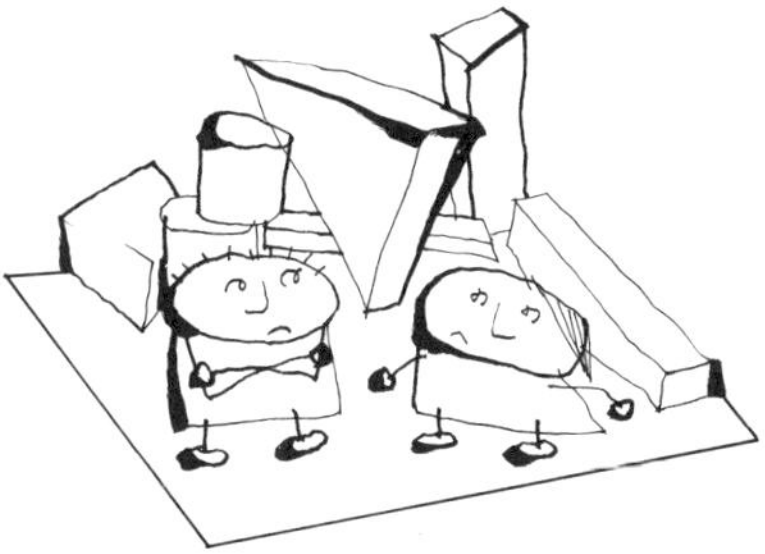

さて、この章では、『父生術』（日本経済新聞社刊）の筆者として、ぼくがやった講演「子は父を育てることがある」を題材にして、他人に話をするときに、いかに印象的に物語るかという工夫について話を進めましょう。

講演相手は、ベテランから新人まで幅広い年齢層の助産婦さんたちで、父親と子育てに関わる話をしてくださいとのご所望でした。最近は少年達が起こす物騒な事件が多く、人の出生の現場に深く関わっている助産婦さんたちも、父親の影響や役割の変化について無関心ではいられないという理由だったと思います。

まず、紙上で、この講演を聴いていただいて、どんなところが印象に残ったか、頭の中にちょっとだけ、メモをしておいてください。

のちほど、「いかに印象的に話を進めるか」というポイントについて、この講演をビデオで部分部分に分けて再生するような感じで、解説を加えます。

では、まずは、拍手をお願いします。パチ、パチ、パチ……

「子は父を育てることがある」

——パートナーシップのすすめ

藤原和博（ビジネスマン・三児の父・『父生術』著者）

◆自分で赤ん坊を取りあげたビジネスマン

私の長女は現在四歳ですが、家族でヨーロッパ滞在中にパリで生まれました。前日まで、パリ市内は三週間ほど続いた空前のストライキで、妻の陣痛が始まった一二月二〇日は、病院の分娩室は満員。おまけに助産婦さんは三人の妊婦を掛け持ちするという忙しさでした。たいていのパリジャンは出産予定日を決めて、その日が来たら注射を打ち、無痛分娩を行います。いわゆる「予定出産」です。私たちは、長男の時から一貫して自然分娩で通してきたので、この日も医者の立ち会いはなし。フランス語しか分からない助産婦さんの手を借りて、夫婦二人だけで出産をするつもりでした。助産婦さんはベテランのようでしたが、子宮口の開きを確認して、まだ大丈夫だと思ったのでしょう。他の妊婦の様子を見に部屋を出ていってしまった直後、ちょっとした事件が起こりました。

赤ん坊が、顔を出してしまったのです。

普通のサラリーマンなら、ここでパニックを起こして、大声で誰かを呼びに行くかもしれません。しかし、二年前にロンドンの自宅で、やはり医者の立ち会いなしで二人の助産婦さんにお願いして次男を家庭分娩した経験のある私は、無意識に「もう出てきちゃった。はい、もう一回、いきんで！」などと声をかけつつ、赤ん坊の両脇に親指と人差し指を広げて差し入れ、次の瞬間には、妻のいきみに合わせて引っぱり出していました。

おそらく、現役で活躍中の日本のビジネスマンの中で、自分で赤ん坊を取りあげた経験のあるのは私ぐらいではないかと自負しています。もっとも、助けを呼びたくても、フランス語でどういっていいか全く分からなかったというのが正直なところ。

この時の私はすっかり興奮してしまって、生まれてきたのが男か女か確認する余裕もありません。ですが、ロンドンでの家庭分娩を手伝ってくれた英国で活躍中の日本人助産婦、高橋浩美さんの「へその緒は、あわてて切る必要はないんですよ。ちょうどお母さんと赤ちゃんが繋がったまま抱っこしてあげられるような長さになっているんだから」という言葉を思い出し、妻に抱っこをさせながら、助産婦さんが戻ってくるのを待ったのでした。

思えば、長男（現在一〇歳）は日赤産院で立ち会い出産。血を見るのが怖かった私は初め逃げ腰でしたが、妻に二度ほど「父親教室」に連れて行かれるうち、好奇心が勝るようになりました。次男は、はじめから一切医者の手を借りないで助産婦さんとのパートナーシップで自宅出産。私が生まれた昭和三〇年頃は、病院生まれと自宅生まれの比率がちょうど半々だったそうです。

なんといっても自宅出産がいいのは、助産婦さんとのコミュニケーションが、出産の前から後までずっと一貫して繋がることです。長男の出産の状況も妻の好みも全て知り抜いている助産婦さんが出産にも立ち会い、また、生まれてきた赤ん坊の状況をつぶさに知っている、その人が、出産後も半年間、何かと育児相談に乗ってくれるのは、妻にとってはこの上もない安心でした。

そして、三人目にして究極の体験を積んだ私は、いわば「助産夫」の資格をいただいてもいいのかもしれません。

♠長男の入学と次男の誕生のはざまで

ロンドンでの家庭分娩の前後のいきさつについては、『父生術』に詳しく描いたのですが、実はここでもちょっとした事件が起こります。当時四歳の長男が、はじめて入学させた現地の小学校とおり合わず、一日で退学してしまったのです。イギリスでは四歳から小学校の準備学級に入ることになっています。

次男はなんと、長男の退学の日に生まれてきたのでした。

それから一カ月、妻は赤ん坊につきっきりです。ですから当然、次の学校探しから、校長との面接、朝のお弁当作り、そして夜寝る前に絵本を読んであげることまで、長男の担当は私、ということになりました。

私自身は昔ながらの父権的な父とそれに従う母に一人っ子として育てられた男子でしたから、それまで一歩も厨房にはいることはなく、ましてや、英語が分からないとはいえ、小さな子どもが学校と不協和音を奏でて、その面倒まで見ることになろうとは思いもよりませんでした。

ところが結果的に、このときの学校問題で、半年に渡って長男と真っ正面からコミュニケーションできたことが、私の父親としての勘違いの数々を気付かせてくれることになります。無意識のうちに自分の父親の家族における父権的なあり様をコピーしてしまっていたり、戦後教育や産業社会の常識といったものが私に刷り込んだ呪縛のようなものに、初めて気付くことになるのです。

たとえば、はじめクラスに溶け込めなかった息子に、私は英語ができないからだと決めつけて、毎晩風呂に入っているときにABCや簡単な挨拶を教えるというスパルタを行います。しかし二〜三カ月経ってから、これは全くの勘違いで、英語ができなくても楽しく遊びながら交流し、現地の子を家に連れてかえってくる力強い息子を再発見します。

また、「遊び時間に、いつも出遅れちゃって、遊びに入れてもらえないんだよね」と言っていた息子の真意が分からず、これも、照れているだけではないかとお目出たく決めつけていた私は、半年も経ってから、それが、私が作るお弁当のせいだったことに気付かされます。慣れないものだから、とにかく弁当箱にソーセージやらブロッコリーやらをぎゅうぎゅう詰めにしていたのです。他の子は簡単なスナックで済ませて、さっさと遊びに行ってしまうので、「早く行こう!」とせっかく誘ってくれる友達の誘いに、息子はすぐには乗れなかった。口をモグモグさせたまま、一生懸命食べ続けます。全部食べてこないとお父さんが怒るからです。

「早く！」「ちゃんと」「いい子に」と、おそらく私たちの世代に共通して刷り込まれた呪文に気付かされたのも、この時期です。こういう呪文を、まだ頭の柔らかい子供時代に一日一〇〇回唱えられれば、「深く考えずに、なんでも敏速に処理することはできるけれど、他人にどう見られるかばかり気にして〝いい子〟を演じつづけ、自分自身の人生のオーナーにいつまでたってもなれない」人間を増産してしまうことになるでしょう。父親は下手をすると、子どもの頃巷を席巻していた前時代の価値観を、子供達にも押しつけてしまう傾向があります。だから父親自身が、そういった旧世代の父権的な父親像の呪縛から逃れなければ、みすみす子どもの個性を殺してしまう。

気づかせてくれたのは、ほかでもない、息子でした。

♠親にはなれても〝父〟にはなれない

それでは、私たちの父の世代には、何故、父権的な父親像が有効だったのでしょうか？

「国」とか「会社」といった家族の外にあるものを立派にして稼ぎを増やし、その稼ぎを家に持ち帰ることがすなわち、家族の幸せに直結すると信じられていたからです。稼いでくるのが〝父〟で、その稼ぎを上手くやりくりして家事全般をこなし子どもを育てるのが〝母〟として、役割分担ができました。なんといっても稼ぎがなければ明日の幸せはないわけですから、母は父を立て、その命ずるところに従うことになります。社会が合意の上で、いわば社会的に〝父権的な父親〟を保証していたといえるでしょう。

しかし、成熟社会になると、この役割分担の意味が崩れてきます。社会が豊かになり、価値観が多様化してくると、母も子も自分の自己実現との関係で父を見るようになりますから、稼いでくるだけのお父さんでは尊敬されません。社会的に父であることを保証されていた時代が去ったのです。

つまり、現代社会においては、「男は、子どもを授かると自動的に〝親〟にはなれるが〝父〟にはなれない。〝父〟になるには、子どもと共に体験する、もっと別の通過儀礼がいる」ということです。

では、〝親〟が〝父〟となって名実ともに〝父親〟になるためには、どんな通過儀礼が必要なのでしょうか。私自身の例で、ポイントを三つ示しましょう。

(1)ウンチの世話ができますか？

子どもができると、お父さんは急にハンディビデオが欲しくなり、お風呂に入れているシーンをお母さんに撮ってもらったりします。歩くようになれば、休日は近くの公園に連れていき、滑り台を滑らせては、高い高いをしてあげます。こうしてアルバムはアッという間に子どもの笑顔で埋め尽くされていく。もっともうちの場合は三歳までに長男は五冊、次男はぐっと少なくなって二冊、最後に生まれた長女は一冊と、アルバムの数に大きな差があるので、大人になってから怒られること必至ですが。

お父さん達の頭にあるのは、父親に自分はどんな風に可愛がられたかというイメージとテレビドラマやコマーシャルが創り出す「いい父親」の風景です。そのイメージを忠実に再現して「ああ、俺も父親なんだ！」と感動する。ここまでやる人は多いのですが、オムツの世話、とくにウンチの処理については、妻に任せてしまっている人が多い。

「ウンチの世話」ができるかどうかは「父」への第一ステップ。いいとこ取りだけでは、お母さんが可哀想なだけでなく、子どもとのスキンシップも不完全に終わります。子どもというのは、恐ろしいほど親の表情や反応を見ています。特に赤ちゃんの場合は、ウンチをして気持ちが悪いから泣く。泣いたときに、どっちが来てくれて気持ちよくしてくれたか。赤ちゃんからすれば、顔だけがズームアップするように寄ってくるわけですから、印象は強烈。次男のケースでいえば、わたしはオムツの世話を半分はやったと思います。その結果、面白いことが起こりました。

普通、赤ちゃんが最初に話す言葉は「マン、マ！」ですが、次男はまず私を「パッパ！」と呼び、その後、妻のことも一貫して「パッパ！」と呼び続けました。長女の出産に手伝いとして駆けつけてくれた私の母も、一カ月経ってようやく慣れた頃、「パッパ」の仲間入りをすることになりました。ウンチのお世話まですれば、オッパイはなくてもママに勝てる。この話を文壇最強の子育てパパで有名な鈴木光司さん(『リング』『らせん』『ループ』の作者)にすると、自分も「ウンチの世話」が最も大事なスキンシップだと思うと大いに盛り上がったのを覚えています。

(2)子どもとの対話で学んでいますか？

長男との対話で、私が如何に多くのことを学んだかは、先に紹介した『父生術』と続編の『僕らはどんなふうに大人になったのか』(講談社)に詳しく描いたので、あえて触れません。

ここでは、手元にある次男（ヤマちゃん）と長女（ミーちゃん）の発言メモから、未発表の傑作を拾ってみます。読者の皆さんは、この発言から、どんなことに思いを巡らせるでしょうか？　あるいは、あなたがこの子の父親だったとしたら、どんな風に質問に答えるでしょうか？

「ねえ、おじいちゃんになったら、死ぬの？　おじいちゃんの次は、死んじゃうの？　ヤマちゃん、こわいなあ……」（次男　四歳）

たびたび、三人に怒りを爆発させる私に対して……

「ぼくたちはねえ、おこらないお父さんになるんだよ。ミーちゃんが泣いてたらさあ、だいじょうぶっていって、おつかまり（口にくわえるタオル）もっていってさあ」（次男　四歳）

「ミーちゃんは女だから、お母さんになって、子どもできるんだよ。ヤマちゃんはできない。だって、お父さんになるから……。ミーちゃん、チンちゃんないよねえ。あっ、おれ、買ってきてやろうっかな！」（次男　四歳）

長男が歯医者で抜いてもらった乳歯がテーブルの上に載っている。

「これ、庭に埋めたら芽がでてきて、〝歯の木〟が伸びちゃって、歯が成ったりして。そしたら、虫歯になってもとっかえればいいし……おじいちゃんになっても入れ歯につかえるね」(次男　五歳)

幼稚園への道すがら、

「お父さん、小さくなったら、ようちえん、行けるからね」

「大きくなったらじゃないの？」(私)

「うん、小さくなったら」(長女　三歳)

「1たす2は、3でしょ」(私)

「じゃあ、1たす、みどりは？」(長女　四歳)

こういう新鮮な対話は、ふつう母親が独り占めにしています。いや、むしろ、母親にとっては日常以外の何ものでもないので、大した感動はないかもしれません。父たちはこういった好奇心をくすぐられる会話の数々を、一体会社で、あるいは会社のあとの飲み屋で、どれだけできているでしょうか?

対話する相手として、パートナーとして子どもを見つめ直すと、とんでもない真言をはいてくれることもあるのです。

(3)問題が起こったとき、母親任せにしていませんか?

ロンドンで長男に学校問題が起こったとき、ちょうど次男の誕生と重なったために、私自身がこの問題を引き受けざるを得なくなったと言いました。

私は、彼が「学校へ行きたくない」と繰り返し、階段の壁に鞄を投げつけて母親にも八つ当たりをしては、学校で耐えていることを爆発させていく過程で、幸いにも現場にいることができました。そして、六カ月の間に、さまざまな小さな事件を乗り越えて、彼自身が英国の小学校に溶け込んでいくあり様を、ある時は一緒に手をたずさえて見ることができました。私にできたことは、後から考えると、とても小さかった。むしろ、四歳の子どもが、これほどまでに現実に立ち向かうチカラがあったのかと驚かされたというのが正直なところです。

ビジネスの世界にはセオリーがあることが多い。こういうときには、こういう風にするとよいというようなマニュアルや、本や、先輩からの現場での助言や、上司の指示があります。正解があることが多いのです。すくなくとも、経験を積んでくると、あらゆる局面で二つか三つの選択肢に絞られる。

ところが、子育ての現場には、こういった正解はありません。どんなに子育てマニュアル本を読んでも、全ての物事は、自分の家族に特有の、自分の子に特有の、その学校や環境に特有の姿で起こってきます。

赤ん坊が泣いている。抱っこしても泣き止まない。ウンチは？　していない。お腹減ったの？　オッパイは嫌がって飲まない。熱がある？　そうでもない……

こういう、母親が毎日味わう〝答えのない世界〟を想像してみましょう。「不確実性の時代」なんていわれているわりには、会社員がしている仕事の方が、意外と楽なものかもしれません。

なにか問題が起こったときこそ、単なる「親」が「父」になれるチャンスがある、と、私は考えます。問題を一緒に乗り越えないと、どんなに可愛がっていようと、一生「父親」にはなれない。そう、思うのです。

中学二年生の時、万引き事件を起こして警察署につかまったとき、一夜経ってもパニクっている母に対して、父が言った言葉を忘れることができません。

「デパートもなあ、あれだけモノが並んでるからなあ」
裁判所に勤めていた父の、その一言で、私は居場所を得たのです。

◆勘違いの〝父性〟の乱用より〝パートナーシップ〟を

中学生をはじめとして、子供達が事件を起こす度に「父性の復権」が叫ばれます。父親が家庭に不在がちで、しっかりとした価値観を示し躾する能力を失っている社会の中で、あらためて父親の存在が大事だという議論です。

私は、これまで述べてきた理由から、「お父さんのいうことを聞きなさい！」という父権的なイメージの「父性の復権」は百害あって一利なしだと考えます。

むしろ、子どもを一人の個人として尊敬を持って見つめ、対話の中から、自分自身も学び直すというような〝パートナーシップ〟が求められているのではないでしょうか。「勉強しなさい！」という前に、自分が「それ、面白そうだね」と目の前で勉強する態度です。そうでなければ、ウンチの世話もしなかった父が、問題を一緒に乗り越えてくれなかった父が、復権する場はありません。

勿論、その前に、子どもの目の前に最も身近な社会関係としてある「夫と妻」との関係も、上下の権力関係より、対等のパートナーシップ関係で結ばれていなければならないことは言うまでもないでしょう。私自身ができているかどうかは、妻にも異論があるかもしれませんが……

初出：『助産婦雑誌』五四巻九号、二〇〇〇年（医学書院）

ご静聴ありがとうございました。パチ、パチ、パチ……。

本番の講演であれば、ここで司会の方から「それでは、質問の時間をとりたいと思います。何か、質問のある人は手を挙げてください」ということになるのでしょう。

さて、ここから「話を他人に聞いてもらうときのポイント」について、講演の巻き戻しをしながら、反省とレビューをしてみたいと思います。

†タイトルを決める

何人か参加者のいる講演会ともなれば、タイトルを決めるのは当然です。当日は、自分が立つ演台のバックか舞台の袖に、講演タイトルが書かれることになりますから。

でも実は、あなたがこれから向かう〝面接〟の場でも〝会議〟の場でも、極端な話、はじめてのデートの場でも、他人の前で、とかく緊張して自分を表現しきれるかどうか心配な対話の場には、あらかじめ「タイトルを決めておく」ことをお奨めします。

あなたが、どんなことを、今日、この場で「テーマ」にしているのか、一本筋が通っているなあと感じてもらうために、話の骨格となるテーマを一言で言い表す「タイトル」を用意しましょう。

「子は父を育てることがある」

今回の僕の話のテーマは、子育てに関わって僕自身が気付いた「父親の役割の変化」についてなのですが、タイトルは『子は父を育てることがある』としました。

一般的には「父が子を育てる」のだという社会通念、あるいは常識がありますから、「子が父を育てる」と聞けば、みな「あれっ？　逆じゃない？」と思いますよね。その「アレッ!?」という驚きを狙っているわけです。

タイトルは、自分の主張したいことを正確に表せばよいと考えている人が多いと思いますが、それは「学術論文」の場合だけ。講演や会議の場面だけでなく、企画書の場合でも、本のタイトルでも、ホームページのヘッドでも、タイトルには〝感動〟が必要です。プレゼンを受ける相手の期待を、いい意味で裏切ってあげることが一つの方法なのです。

もし、ぼくの講演タイトルが次のようなものだったら、あなたは、その話を聞きたいと思い、会場に足を運ぶでしょうか？

「私の子育て論」

「父親の役割の変化について」

「変貌する父親像」

「親と父の間で」

「パートナーシップのすすめ」

これらはすべて、私の話の内容を正確にとらえ得てはいますが、学者以外の方の興味を引くことはないでしょう。

あなたなら、話を全部読み終わった後ですから、もっといいタイトルが浮かぶかもしれませんね？

参考までに、ぼくが、こんな感じでもよかったかなと思う、他のタイトル案を三つほど示しておきます。

「ウンチの世話ができますか?」

「自分で娘を取りあげた父からのメッセージ」

「親にはなれても〝父〟にはなれない」

もう、お解りだと思います。

これらはみな、小見出しに使っているタイトル達です。実際の講演ではこういう「小見出し」を口に出して言う場合と、言わない場合があります。言う場合は、「それでは、これから〝ウンチの世話ができますか?〟という話に移ります」といったり「ポイントを三つ示します。まず一番目は〝ウンチの世話ができますか?〟という話です」というように、話の段落をはっきりさせるわけです。

「小見出し」をつけるのは、大変大事な「タイトル」の発見や「テーマ」の発見の糸口になりますから、これからあなたが文章を書くときには、A4サイズ一ページに一〜二個の小見出しを付ける訓練をしてみてください。

†立場をはっきりさせる

あなたが、面接に向かう学生なら、あなたの立場は自ずとはっきりしています。自分が応募者で、相手が面接官だというような場合です。数学の授業に向かう先生は、生徒の前では先生という立場で教壇に登場するでしょう。

でも最近では、中学生にもなればなかなかませているし、体もでかいし、社会で起こる様々な情報をテレビやゲームを通じて分かってしまっていたりして、なかなか昔のように、教壇に立っただけで「先生と生徒」というシンプルな関係性が成り立つ時代ではなくなりました。つまり、学校でものを教える「先生」という職業の人でさえも、自分自身を再定義して、「自分は何者として彼らの前に立ち現れるか」を決め直さなければならなくなった。

単なる「先生」ではなく、自分のキャラクターのどの部分で勝負するのか。

「幾何の魔術師」なのか、「受験の神様」なのか、「論理の王様」なのか、「北の国から来た熱血先生」なのか、「一人の悩める数学者」なのか、それとも、「実は数学が嫌いなんだけど、弾みで先生になっちゃったから、それよりバスケットボールのコーチの方がはるかに性に合ってる一人の人間」なのかという再定義です。

「上司と部下」だって、同じ事が言えるでしょう。もう「俺は上司だ」というだけで、有無を言わせず部下として命令に従ってくれる人種は減ってきていますし、そんなことを続けていたら、それこそ組織の活力がだんだん枯れていくでしょう。だから「上司」は、自分がどんなキャラクターを強みとし、何を弱みとする人間かをはっきりさせて、自分と仕事上のパートナーを組むメリットを部下にきちっとプレゼンしておく必要があります。しかも、部下の一人一人のキャラクターに合わせて、再定義する必要があるのです。

コンピュータネットワークのマナーで言えば、「初期設定」というヤツです。


藤原和博（ビジネスマン・三児の父・『父生術』著者）

僕の場合、今回のお相手は全国の出産の現場で活躍している現役の助産婦さんですから、ビジネスマンであり、本の著者である私の間に、「三児の父」と入れました。教育分野の研究会や地方自治体の地域活性化プロジェクトに参加するような場合でも、ぼくはいつも「ビジネスマンでありながら真剣に子育てに参画している〝三児の父〟」という自分自身の定義を強調します。

さて、あなたは、自分自身を、どのように再定義するでしょうか？

たとえば仮に、学生であっても、独身者であっても、誰にでも関心が高いと思われる「日本の教育はこのままでいいのか？」「あなたは、今の学校教育をどう思いますか？」という意見を聞かれるような場面で、あなたは、あなたの立場を、どのように再定義して、あなたの話を始めるでしょうか？

たとえば、ただの「ビジネスマン」という立場ではなく「受験に二度失敗した経験のある人間」として再定義できる人は、この話から入れば、みなが耳を傾けることは必定です。あるいは、子供ができて仕事を辞め主婦となった女性でも、中学時代にイジメを受けた経験のある人なら、このテーマに関して「イジメを受けた側の立場」から話に深みをつけていくことができます。勿論「イジメていた側の心理が分かる人」もいるでしょう。

肝心なのは、話を始める前に、まず、自分をどこから〝切り出すか〟ということを考えること。

自分の体験から切り出すことができる人が、一番強い。

†リードの部分で勝負はキマル

「始めよければすべて良し」

この格言は、プレゼンテーションの本質をとらえています。会議での発言であれば最初の三〇秒、講演なら最初の三分、企画書やレポートだと最初の三行、本だったとしても最初の三ページ、プロポーズなら最初の一言。

聞く側、読む側の注意をこちらに向けるインパクトは、一番最初に一番強くなければ、聞いても読んでももらえません。

「始めよければすべて良し」は、プレゼンテーションの第一法則といえるでしょう。

よく「起承転結」というマナーに沿って、はじめに枕話をやって講演を「起」こし、プロセスを語ってつなぎ「承」、話を「転」じてアッと言わせ、最後に「結」論を述べて締めくくるのが大事だという人がいます。しかし、これは論文の展開や文学作品、あるいは壮大な映画の物語作品ならいいのですが、テレビやビデオのようなテンポの速いメディアを見慣れている相手には限定的にしか通用しないマナーです。第三章で述べたように、四枚の紙芝居型の企画書で短く決める場合には有効です。

でも、ある程度の長さが要求される講演やエッセイなどでは、敢えて「起承転結」の順番を変えて、「転・結・起・承」くらいの乱暴さで、最初にアッといわせたほうがいい。本当は「転・転・転・結」くらいの傍若無人さでいいのかもしれません。

だから、私の場合は、「赤ん坊が、顔を出してしまったのです」という事件から入りました。

私の長女は現在四歳ですが、家族でヨーロッパ滞在中にパリで生まれました。前日まで、パリ市内は三週間ほど続いた空前のストライキで、妻の陣痛が始まった一二月二〇日は、病院の分娩室は満員。おまけに助産婦さんは三人の妊婦を掛け持ちするという忙しさでした。たいていのパリジャンは出産予定日を決めて、その日が来たら注射を打ち、無痛分娩を行います。いわゆる「予定出産」です。私たちは、長男の時から一貫して自然分娩で通してきたので、この日も医者の立ち会いはなし。フランス語しか分からない助産婦さんの手を借りて、夫婦二人だけで出産をするつもりでした。助産婦さんはベテランのようでしたが、子宮口の開きを確認して、まだ大丈夫だと思ったのでしょう。他の妊婦の様子を見に部屋を出ていってしまった直後、ちょっとした事件が起こりました。

赤ん坊が、顔を出してしまったのです。

普通のサラリーマンなら、ここでパニックを起こして、大声で誰かを呼びに行くかもしれません。しかし、二年前にロンドンの自宅で、やはり医者の立ち会いなしで二人の助産婦さんにお願いして次男を家庭分娩した経験のある私は、無意識に「もう出てきちゃった。はい、もう一回、いきんで！」などと声をかけつつ、赤ん坊の両脇に親指と人差し指を広げて差し入れ、次の瞬間には、妻のいきみに合わせて引っぱり出していました。

さて、この話が「起承転結」に沿って、実際の時間の流れと同様に順序立てて語られると、どんな感じがするでしょうか？

私の場合、長男（現在一〇歳）は八九年に東京の日赤産院で立ち会い出産をさせてもらいました。血を見るのが怖かった私は初め逃げ腰でしたが、妻に二度ほど「父親教室」に連れて行かれるうち、好奇心が勝るようになりました。

次男は、赴任先であったロンドンで九四年に生まれたのですが、この時は、はじめから一切医者の手を借りないで助産婦さんとのパートナーシップで自宅出産を試みました。私が生まれた昭和三〇年頃は、病院生まれと自宅生まれの比率がちょうど半々だったそうです。なんといっても自宅出産がいいのは、助産婦さんとのコミュニケーションが、出産の前から後までずっと一貫して繫がることです。長男の出産の状況も妻の好みも全て知り抜いている助産婦さんが出産にも立ち会い、また、生まれてきた赤ん坊の状況をつぶさに知っている、その人が、出産後も半年間、何かと育児相談に乗ってくれるのは、妻にとってはこの上もない安心でした。

そして、現在四歳の長女は、その後引っ越したパリで九五年の暮れに生まれました。前日まで、パリ市内は三週間ほど続いた空前のストライキで、妻の陣痛が始まった一二月二〇日は、病院の分娩室は満員。おまけに助産婦さんは三人の妊婦を掛け持ちするという忙しさでした。……

いかがでしょうか。

だいたい同じ文章量のリードなのですが、だいぶインパクトが違うでしょう？

今度は、あなたが最近一年間に体験した物事の中で、驚いたこと、感動したこと、あるいは失敗しちゃったこと（以下事件と書きます）を一つ思い浮かべてみましょう。

そして、前後の状況を思い出しながら、〝その事件の経緯〟を時系列に沿って、一、二、三と箇条書きに一〇個くらい並べて書き出してみます。「起承転結」の「起」に一〜二、「承」に三〜四、そして事件そのものの記述「転」は五〜七の辺り、最後に、八〜一〇で「結」と事件後の自分や周囲への影響を書くことにします。事件には、必ずそれが起こる前段の前触れや予兆や布石がいくつもあるもの。失敗した物事にも、もっと前に、必ず思い当たる節があるでしょう。だから、事件そのものの記述は後半の五つめから七つめの辺りになるはずです。

つぎに、ぼくの例を参考にして、事件そのものを後半から一気に二番目くらいにもってきたら、どうなるかを考えてみましょう。

さあ、物語の再編集です。

一で、最初にさらっと、そのときの状況を他人に分かるように解説したら、すぐに、ぼくの場合と同じように「事件が起こりました……」と、最も大事な部分を語ってみてください。この時点でもう、あなたの話は、他人に聞いてもらえる話に変貌しているはずです。

実はぼくは、次の話の導入にも、もう一度「事件を語る効果」を使っています。

> ロンドンでの家庭分娩の前後のいきさつについては、『父生術』に詳しく描いたのですが、実はここでもちょっとした事件が起こります。
> 当時四歳の長男が、はじめて入学させた現地の小学校とおり合わず、一日で退学してしまったのです。イギリスでは四歳から小学校の準備学級に入ることになっています。
> 次男はなんと、長男の退学の日に生まれてきたのでした。

この最後のフレーズが二番目の事件の中身ですが、これがそのまま次の話の導入になっているので、聞いている人を惹き付けたまま「父親論」の本質に入っていくことができるのです。

†マイナス部分を語るとエネルギーが入ってくる

それから一カ月、妻は赤ん坊につきっきりです。ですから当然、次の学校探しから、校長との面接、朝のお弁当作り、そして夜寝る前に絵本を読んであげることまで、長男の担当は私、ということになりました。

私自身は昔ながらの父権的な父とそれに従う母に一人っ子として育てられた男子でしたから、それまで一歩も厨房にはいることはなく、ましてや、英語が分からないとはいえ、小さな子どもが学校と不協和音を奏でて、その面倒まで見ることになろうとは思いもよりませんでした。

ところが結果的に、このときの学校問題で、半年に渡って長男と真っ正面からコミュニケーションできたことが、私の父親としての勘違いの数々を気付かせてくれることになります。無意識のうちに自分の父親の家族における父権的なあり様をコピーしてしまっていたり、戦後教育や産業社会の常識といったものが私に刷り込んだ呪縛のようなものに、初めて気付くことになるのです。

たとえば、はじめクラスに溶け込めなかった息子に、私は英語ができないからだと決めつけて、毎晩風呂に入っているときにABCや簡単な挨拶を教えるというスパルタを行います。しかし二～三カ月経ってから、これは全くの勘違いで、英語ができなくても楽しく遊びながら交流し、現地の子を家に連れてかえってくる力強い息子を再発見します。

また、「遊び時間に、いつも出遅れちゃって、遊びに入れてもらえないんだよね」と言っていた息子の真意が分からず、これも、照れているだけではないかとお目出たく決めつけていた私は、半年も経ってから、それが、私が作るお弁当のせいだったことに気付かされます。慣れないものだから、とにかく弁当箱にソーセージやらブロッコリーやらをぎゅうぎゅう詰めにしていたのです。他の子は簡単なスナックで済ませて、さっさと遊びに行ってしまうので、「早く行こう！」とせっかく誘ってくれる友達の誘いに、息子はすぐには乗れなかった。口をモグモグさせたまま、一生懸命食べ続けます。全部食べてこないとお父さんが怒るからです。

「早く！」「ちゃんと」「いい子に」と、おそらく私たちの世代に共通して刷り込まれた呪文に気付かされたのも、この時期です。こういう呪文を、まだ頭の柔らかい子供時代に一日一〇〇回唱えられれば、「深く考えずに、なんでも敏速に処理することはできるけれど、他人にどう見られるかばかり気にして〃いい子〃を演じつづけ、自分

> 自身の人生のオーナーにいつまでたってもなれない」人間を増産してしまうことになるでしょう。父親は下手をすると、子どもの頃巷を席巻していた前時代の価値観を、子供達にも押しつけてしまう傾向があります。だから父親自身が、そういった旧世代の父権的な父親像の呪縛から逃れなければ、みすみす子どもの個性を殺してしまう。
> 　気づかせてくれたのは、ほかでもない、息子でした。

もう、お気づきのように、この話が私の全文の核心です。

いわば「結」を、この部分で提示してしまっている。タイトルをもう一度思い起こしてもらえれば分かると思いますが、「気づかせてくれたのは、ほかでもない、息子でした。」が、結論といってもいいでしょう。父は一方的に息子に教える存在だと考えるのを止めて、息子から学ぶことも半分以上あるんじゃないか。そういうパートナーシップとして親子関係を考えると、父権的で一方的ではない新しい関係が生まれるかもしれませんね、という、ぼくの提案の主題です。

ただ、ここで注目して欲しいのは、その提案が聞く人に「べき論」として押しつけられているのではなく、ぼくの失敗と反省に基づいた〝つぶやき〟になっている点です。

話を聞いている人は、話しているぼく自身が目の前で、自分の失敗や過去に負ったコンプレックスや、できなかったことを素直に物語るとき、エネルギーを注ぎ込んでくれるものです。実際に話してみると分かるのですが、自分の成功談や得意なこと、あるいはいま取り組んでいるプロジェクトの凄さなど、プラス面を機関銃のように語るよりも、マイナス部分をさらけ出して静かにつぶやいたときの方が、はるかに聞いている人からエネルギーをもらえるように感じます。

ぼくはこれを、日本的なコミュニケーションのなかでしばしば起こる『マイナスイオンの法則』として、本の中や企業の研修会などで、しばしば紹介してきました。アングロサクソン的な「プラスイオン」だけでなく、『マイナスイオンの法則』のエッセンスも利かせたときに、あなたのプレゼンテーションが、はじめてこころに染み透る。

これが、プレゼンテーションの第二法則です。

面接の場面でも、面接官はしばしばこの感覚に遭遇します。

応募者が、余りにも立派に自分の業績を述べたり、できることを羅列したり、成功談に終始したりすると、だんだん椅子が後ろに引いていく感じがするものです。つまり、こころが離れてゆく。その反対に、きちっと自分の失敗を認識して、それを乗り越えようとする態度で素直に話をしてくれると、ぐっと腰が入ります。こころが近づいていくわけです。

自費出版された政治家やサラリーマンの自分史や自叙伝の類でも、いわゆる立身出世の成功物語はほとんど読む気が起きません。自分が成功したことを後の世にノウハウとして残そうとしているのは分かるのですが、ふつう「私が教えたことを学びなさい！」という〝啓蒙書〟は、よっぽど名のある有名人でないと読まれない。啓蒙しようとすると、啓蒙できないわけです。

最後の部分に、私の場合も「啓蒙書」臭い部分があります。

中学生をはじめとして、子供達が事件を起こす度に「父性の復権」が叫ばれます。父親が家庭に不在がちで、しっかりとした価値観を示し躾する能力を失っている社会の中で、あらためて父親の存在が大事だという議論です。
私は、これまで述べてきた理由から、「お父さんのいうことを聞きなさい！」という父権的なイメージの「父性の復権」は百害あって一利なしだと考えます。

むしろ、子どもを一人の個人として尊敬を持って見つめ、対話の中から、自分自身も学び直すというような〝パートナーシップ〟が求められているのではないでしょうか。「勉強しなさい！」という前に、自分が「それ、面白そうだね」と目の前で勉強する態度です。そうでなければ、ウンチの世話もしなかった父が、問題を一緒に乗り越えてくれなかった父が、復権する場はありません。

勿論、その前に、子どもの目の前に最も身近な社会関係としてある「夫と妻」との関係も、上下の権力関係より、対等のパートナーシップ関係で結ばれていなければならないことは言うまでもないでしょう。


これを伝えるために、ぼくがどれほど前段の部分で恥をさらしているか、いまさら言うまでもないでしょう。

「もっともうちの場合は三歳までに長男は五冊、次男はぐっと少なくなって二冊、最後に生まれた長女は一冊と、アルバムの数に大きな差があるので、大人になってから怒られること必至ですが」

「私にできたことは、後から考えると、とても小さかった。むしろ、四歳の子どもが、これほどまでに現実に立ち向かうチカラがあったのかと驚かされたというのが正直なところです」

もし最後の啓蒙的部分が、こういった前段なしに提示されたものだとしたら、あるいは父親業の偉人もしくは「スーパー子育てパパ」が語る数々の成功談の結びとして、この部分が押し出されてきたら、あなたには素直に聞く余裕が残っているでしょうか？

数々の勘違いやら失敗から紡がれて出てきた個人のつぶやきであるからこそ、聞けるのではないですか？

但し、ぼくがここで語っていることは、表面的な〃テクニック〃として利用可能だと思ってもらいたくはありません。それには危険が伴います。

当たり前のことではありますが、その失敗をした時点で、深く、その物事から学んだかどうかという事実が本質で、取り繕えるものではないからです。

ですから、最近〃語るべき失敗〃をしていないなあと思う人は、〃語るに足る失敗〃をするところから、まず始めましょう。

†聞いている人が他人に語りたくなる話を

さて、後半の部分でも、ぼくは新しい父親像を提示して、少し啓蒙的に「こんなことはできていますか？　お父さん」という話をしています。

次のような〝啓蒙〟です。

（1）ウンチの世話ができますか？

子どもができると、お父さんは急にハンディビデオが欲しくなり、お風呂に入れているシーンをお母さんに撮ってもらったりします。歩くようになれば、休日は近くの公園に連れていき、滑り台を滑らせては、高い高いをしてあげます。こうしてアルバムはアッという間に子どもの笑顔で埋め尽くされていく。

お父さん達の頭にあるのは、父親に自分はどんな風に可愛がられたかというイメージとテレビドラマやコマーシャルが創り出す「いい父親」の風景です。そのイメージを忠実に再現して「ああ、俺も父親なんだ！」と感動する。ここまでやる人は多いのですが、オムツの世話、とくにウンチの処理については、妻に任せてしまっている人が多い。

（2）子どもとの対話で学んでいますか？

ここでは、手元にある次男と長女の発言メモから、未発表の傑作を拾ってみます。読者の皆さんは、この発言から、どんなことに思いを巡らせるでしょうか？　あるいは、あなたがこの子の父親だったとしたら、どんな風に質問に答えるでしょうか？

（中略）

こういう新鮮な対話は、ふつう母親が独り占めにしています。いや、むしろ、母親にとっては日常以外の何ものでもないので、大した感動はないかもしれません。父たちはこういった好奇心をくすぐられる会話の数々を、一体会社で、あるいは会社のあとの飲み屋で、どれだけできているでしょうか？

（3）問題が起こったとき、母親任せにしていませんか？

ビジネスの世界にはセオリーがあることが多い。こういうときには、こういう風にするとよいというようなマニュアルや、本や、先輩からの現場での助言や、上司の指示があります。正解があることが多いのです。すくなくとも、経験を積んでくると、あらゆる局面で二つか三つの選択肢に絞られる。

ところが、子育ての現場には、こういった正解はありません。(中略)

赤ん坊が泣いている。抱っこしても泣き止まない。ウンチは？　していない。お腹減ったの？　オッパイは嫌がって飲まない。熱がある？　そうでもない……

こういう、母親が毎日味わう〝答えのない世界〟を想像してみましょう。「不確実性の時代」なんていわれているわりには、会社員がしている仕事の方が、意外と楽なものかもしれません。

この話を聞いているのは実際には〝お父さん達〟ではなく〝助産婦さん〟なのですが、よく講演の抄録が印刷物にまとめられて、参加者に配布されることがあります。そのコピーは、講演を聴いた助産婦さんの手から、お母さんやお父さん達に配られることもあるでしょう。

プレゼンテーションが単に印象的なもので終わらずに、その後の企画の実現や、個人同士のより濃密な繋がりに一歩も二歩も近づくためには、その話が次々に他人に語られる必要があります。それがたとえ「社外秘」だとか「ふたりの秘密」だったとしても、そこに思わず第三者に語りたくなってしまう〝何か〟が隠されていること。これが、プレゼンテーションの第三法則です。

ぼくの講演の場合で言えば、助産婦さんたちが、思わず父親にコピーを渡したくなるような部分。「父親不在の子育て」に疲れきっていて、お父さんにちょっと不満のある母親にも話してみたくなるような、そんな部分がここだといえます。

たぶん、世の母親がみんな嘆いているのは「問題が起こったとき、母親任せにしていませんか?」の方ではないかと思いますが、人が人に次々と語るキャッチフレーズとしては「ウンチの世話ができますか?」の方が記憶に残るのではないでしょうか。

口にしやすいキーワードは、人から人へ言い伝えられて、やがて意識の中に浸透し、その物事の実現を準備します。あなたの企画を「面白い」と思う人が増えれば、企画の実現は時間の問題になるでしょう。

では、次の部分で、聴衆の中にいる「父親論」や「父性学」を勉強しているはずの、ややインテリの助産婦さんに、ぼくが伝えたかったキーワードは何でしょう。

それでは、私たちの父の世代には、何故、父権的な父親像が有効だったのでしょうか？

「国」とか「会社」といった家族の外にあるものを立派にして稼ぎを増やし、その稼ぎを家に持ち帰ることがすなわち、家族の幸せに直結すると信じられていたからです。稼いでくるのが〝父〟で、その稼ぎを上手くやりくりして家事全般をこなし子どもを育てるのが〝母〟として、役割分担ができました。なんといっても稼ぎがなければ明日の幸せはないわけですから、母は父を立て、その命ずるところに従うことになります。社会が合意の上で、いわば社会的に〝父権的な父親〟を保証していたといえるでしょう。

しかし、成熟社会になると、この役割分担の意味が崩れてきます。

社会が豊かになり、価値観が多様化してくると、母も子も自分の自己実現との関係で父を見るようになりますから、稼いでくるだけのお父さんでは尊敬されません。社会的に父であることを保証されていた時代が去ったのです。

つまり、現代社会においては、「男は、子どもを授かると自動的に〝親〟にはなれるが〝父〟にはなれない。〝父〟になるには、子どもと共に体験する、もっと別の通過儀礼がいる」ということです。


答えはここには書きません。

と、言うよりは、答えは一つではない。

そう、答えは、これを聞くもの、読むものの心の内に沸き上がってくるものだからです。話し手の意図したキーワードが、必ずしも、口コミで広がる際のキーワードになるかどうかは分からない。

だから、キーワードは百ぺん連呼すべきだと言う人もいるのですが、ぼくの場合は、聴衆すなわち、受け手の側を信じて任せてしまおうと、そこだけは、やけにズボラに考えています。むしろ、何がキーワードだと思ったか、できればその都度アンケートを採って、ランキングの三番目くらいまでを聞いておきたいくらいです。

さて、次は、あなた自身を〝物語る〟番です。

第一法則「始めよければすべて良し」
第二法則「プラスだけでなく〝マイナスイオン〟が含まれていること」
第三法則「第三者に思わず語りたくなってしまうキーワードがある」

プレゼンテーションの極意を二つ披露したところで、この章を結びます。

コラム❹ 手段に頼るとチカラが薄れる

けっこうみんな、情報の受発信装置として、多くのメディアで自分を武装しているのが現代社会です。

プリクラ、ウォークマン、PDA、ケータイ、Eメール。

ただし、こういった手段に溺れてコミュニケーションしていると、自分がどんどん希薄になっていくという事実も、ここで改めて指摘しておく必要がありそうです。

街なかでチャットして、友達とケータイして、後でメル友とまたチャットして、またまた昼間会ってた友達とケータイして話し込む。

そうした表面的な会話を繰り返すだけでは、しっかり結びついた感覚は、いつまでたっても持てないでしょう。ネットでつながる時代になればなるほど、薄いコミュニケーションを繰り返しているだけでは、自分の居場所を持ったキャラクターの強い人にはなれない。

やや極端に言えば、自分をすり減らして、情報の波間に漂っているだけでは、何のために生きているかも分からなくなって当然です。

ケータイに電話がかかってこないと心配。電車に乗ってる間に留守録にメッセージが入ってたらどうしよう。チェック、チェック、チェック……

ああ、まだワタシは呼ばれない……。

ぼくはケータイが大嫌いで、首から紐でケ

ータイをぶら下げてポケットに入れている人を見ると「〝ケータイ〟が、人間を、首輪を付けて飼っている」という妄想に囚われてしまいます。

ゴメンナサイね。

でも、ホントに、人間がイヌを散歩させているように、ケータイがご主人で、持ち主がペットってな感じで、散歩させてあげているように見えるんです。

友人でコレやってる皆様、失礼。くれぐれも、お許しください。

こういう〝メル中〟（ケータイやパソコンによるメール中毒）にかかっている恐れのある人には、一か月ほど、テレビも、新聞も、満員電車の中吊り広告も、ケータイやパソコンのディスプレイも見ないで済むような環境に逃げることを薦めます。もっとも本人に、そういう「自分コンテンツを希薄化するモノたち」から一時でも逃れようとする意識があればの話ですが。

だから、ぼくは「ひきこもり」は自分を守る一つの方法で、そのこと自体が悪いことだとはまったく思いません。ひきこもって孤独になり、結果的に自分を磨き込むことがあるからです。

朝、静かに座禅をしたり、息を吸い込んでからゆっくり吐くヨガの呼吸で瞑想したり、メディアから意識を切り放して自分を自由にする時間は、やっぱり必要です。

ゆっくり孤独に考える時間がなければ、プレゼンのコンテンツは薄れていってしまう。

どこかにいる「ケータイの向こうの人」ではなく「目の前にいる他人」が大事という感覚が薄れたら、あなたのプレゼンが〝目の前の相手のこころ〟に届くはずは、ありません。

第5章

自分の放送局をつくる

——デジタル音痴でも放送局《ホームページ》を運営できる

この章では、インターネットを使って、どのように「よのなか」とコミュニケーションしていけばいいかについて、インターネットを使ったことがなかったり、コンピュータ音痴の読者にも「ホームページ」というものの仕組みが分かる解説を試みます。

まずは、安心してください。

ぼく自身、ホームページを作る技術はありませんし、ケータイもデジカメ（デジタルカメラ）も持っていません。ワープロとEメールはやりますが、「エクセル」で作表したり表計算したり、あるいは「パワーポイント」でプレゼン用のスライドを作ったり、ドローイング・ツールで絵や写真にイラストを配置してレイアウトするなど、通常、デジタル系に強い人が当たり前にやれることは、何一つできません。

それでも、自分のホームページをインターネットの世界に開くことで、自己紹介用の席を一つ確保しています。リアルな世界で普通に仕事をしていては出会えない人と、貴重な〝縁〟を作るキッカケにもなっています。

技術はないので、ホームページ（以下HP）を制作する技術を持った友人に頼んで、もちろんお金を払って、自分の設計図通りにHPを開設し、運営も一部お手伝いしてもらうことにしました。ちょうど、家を建てるときに、実際コンクリートで基礎を作ったり、構造材を組んだり、壁を塗ったり、キッチンを作ったりするのは工務店かハウスメーカーにお願いするようなかんじです。基本的な設計の考え方や、使う写真や素材、あるいは文章《コピー》は自分で用意して、実際の家の施工にあたるHPの制作そのものは、友人にお願いしたわけです。

最近は、素人でも簡単にできるHP制作用ソフトがいろんなところから出ているようですから、もし、自分のコンピュータでできちゃえば、タダでできるということです。またHPを載せておくコンピュータ（誰かがあなたのHPを見に来たときに、各ページの中身を送信してあげられる機能を持ったサーバーと呼ばれるコンピュータ）も、自分のコンピュータでやる場合には、プロバイダーと呼ばれる通信回線業者に支払う通信費を除けば、タダでできることになります。

HPの一ページはコンピュータディスプレイの大きさのカラーコピー一枚を作るようなもので、自分のHPを作る場合には、通常何ページか、紙芝居のように語り起こすことになります。

自分のホームページの制作とは、自分自身を様々な切り口から語り起こす、「紙芝居」を作るようなものだと考えてください。

なお、紙芝居の一ページ、一ページには、インターネット上のアドレス（住所地番）が一つ振られていて、地番を示せば、そのページに飛ぶことができます。また「紙芝居」には表紙があり、そこに作者の名前やタイトル、あるいは簡単なストーリーの目次のようなものがあるように、ＨＰの表紙（トップページ）にも「藤原和博のホームページ〝よのなかネット〟」というようなタイトルと、そのＨＰ全体の目次、作者の紹介などが載せられます。

紙芝居を見せるときには、子供達からの反応を引き出すために、たまには「さて、次はどんな動物が桃太郎の鬼退治の仲間になるかな？」なんて質問を投げかけたりするでしょう。ＨＰ上でも、あなたが投げかけたメッセージに対して、インターネットを通じて、あなたのＨＰを見た人たち（以下便宜上〝読者〟または〝視聴者〟と呼びます）から意見をメールでもらうことができます。掲示板を用意しておいて、その場で感じたことや思ったことを書き込んでもらったり、多人数でコミュニケーションをすることも可能です。

ＨＰは〝ウェブサイト〟とも呼ばれますが、要するに、あなた自身の紙芝居を二四時間インターネット上に放送している放送局だと思えばいいでしょう。

自分専用の放送局が、タダで、もしくは制作を友人や専門家に頼んだとしても、民放テレビ局を開局する費用から比べれば、タダのようなお金で開設できる時代に入ったということです。

ちなみに、一ページのデジタル紙芝居の制作費用はピンキリですが、学生アルバイトなら五〇〇〇円くらいから、プロでも二〜三万円からやってくれます。プロの場合は、同じ紙芝居でも、一ページの中で写真のスライドショーを上映したり、アニメで人やクルマのイラストを動かしたり、ビデオや動画による最先端の特殊効果が華麗にできるのが特徴です。

さあ、そろそろ前置きはこれくらいにして、あなた自身の放送局を作る準備にはいりましょう。まずは、自分のホームページ（以下〝自分サイト〟とも呼びます＝自分の場所という意味）を作るわけですから、ぼくのサイト『よのなかネット』の各ページを例にして、あなた自身の〝切り口〟の分析から始めて下さい。

†自分を語る目次を作る

自分自身が一冊の雑誌だとしたら、あなたは編集長として、どんな特集企画を立て、どんな目次をつくるでしょうか？

自分を語り起こす〝切り口〟をどんなテーマに求めるでしょうか？

ぼく自身は〝自分サイト〟である『よのなかネット』開設に際して、次の六つの切り口を設定して、自分を語り起こそうとしました。

(1)「著書」から語り起こす
(2)「昭和三〇年生まれの四〇代」という属性から語り起こす
(3) 企業の「フェロー」という立場から語り起こして〝個人と企業の新しい関係〟についてプレゼンする
(4) 進めているプロジェクト（教育・介護・住宅分野）から入る
(5) 応援しているNPO「子供地球基金」との関係を語る
(6) 現在住んでいる永福町を中心として「地域社会と学校教育」をまじめに考えている父として語る

さて、あなたには、あなた自身の切り口を、この章を読み進みながら、考え出してもらえればと思います。そのまま参考になる部分もあるでしょうし、場合によっては、反面教師になるかもしれません。

ただし、ぼくのケースでは、ビジネスで二二年以上のキャリアがあり、三人の子を持つ父であり、著書も八冊ありますから、切り口が六つくらいになってしまうのは自然です。もし、あなたが学生だったり、まだ二〇代とか、三〇代の方であれば、二つか三つくらいの切り口を探せば十分だと思います。いきなり、あまり多くの切り口で自分を語ろうとすると全体が中途半端になってしまいますので、絞って深く突っ込むことができる切り口を設定してみてください。

たとえば、故郷が土佐の馬路村で中学校の頃は〝ゆず〟博士と呼ばれていたとか、むかしっから昆虫が好きで今でもカブト虫を捕まえる名人だとか、バリ島については二〇回も行ったことがあって旅行会社の添乗員よりよっぽど詳しいとか、ウミウシの研究ではナンバーワンだとか、コレステロールと赤ワインの関係については論文が書けそうだとか、犯罪が起きる度に捜査中からいつも犯人像を当てるのが上手いとか、満員電車のチカン撃退法の鬼であるとか……。

そういった、あなたの何げない〝持ち味〟のすべてが、自分サイトの切り口になるはずです。

自分を語り起こす切り口がはっきりしたら、あなたの自分サイトのトップページの設計にはいることができます。

ぼくの例では、図1に示すように、

(1)著書の紹介と自分の読書歴を生かした書評のページを『よのなかネット』という世界の「としょかん」として目次の最初に持ってきています。

このように自分サイトを一つの世界観ととらえれば、あたかも自分がネット上に新しく創り出した〝街〟があるような感じで、その街に図書館があったり広場があったり、駅があったりするような設定をすることが可能です。

(2)つぎに「三〇年代生まれの四〇代」という「団塊の世代」の背後にいて、いつも影の薄い存在にスポットを当て、同世代の仲間として紹介しています。これを「よのなかネット」という街の「ひろば」と名付けて目次の二番目に置きました。

(3)「すていしょん」は、個人と企業との新しい関係の持ち方をプレゼンテーションするページです。ぼくを含めて会社のフェロー(客員)をやっている人たちを紹介し、同時にこの制度について、他の会社の人事部の方でも分かり易いように解説しています。マラソンの有森さんも、ここに出てきます。

(4)「てんぼうだい」は、ぼくが現在進行中のプロジェクトで、「教育」「介護」「住宅」

図1「よのなかネット」のトップページ

の各分野について、やや詳細にプレゼンテーションしているページです。どんな仕事をやっているんですかと聞いてくる人には、このページをご覧くださいと伝えるときがあります。

（5）「あそびば」では、少なからず関わっているNPO「子供地球基金」の紹介をしています。「子供地球基金」には独自のHPもあるのですが、ここでは、ぼく自身が「子供地球基金」をどう解釈して、どんな風に関わっているかを説明しています。実際このページを見て、是非寄付《ドネーション》したいと、連絡して

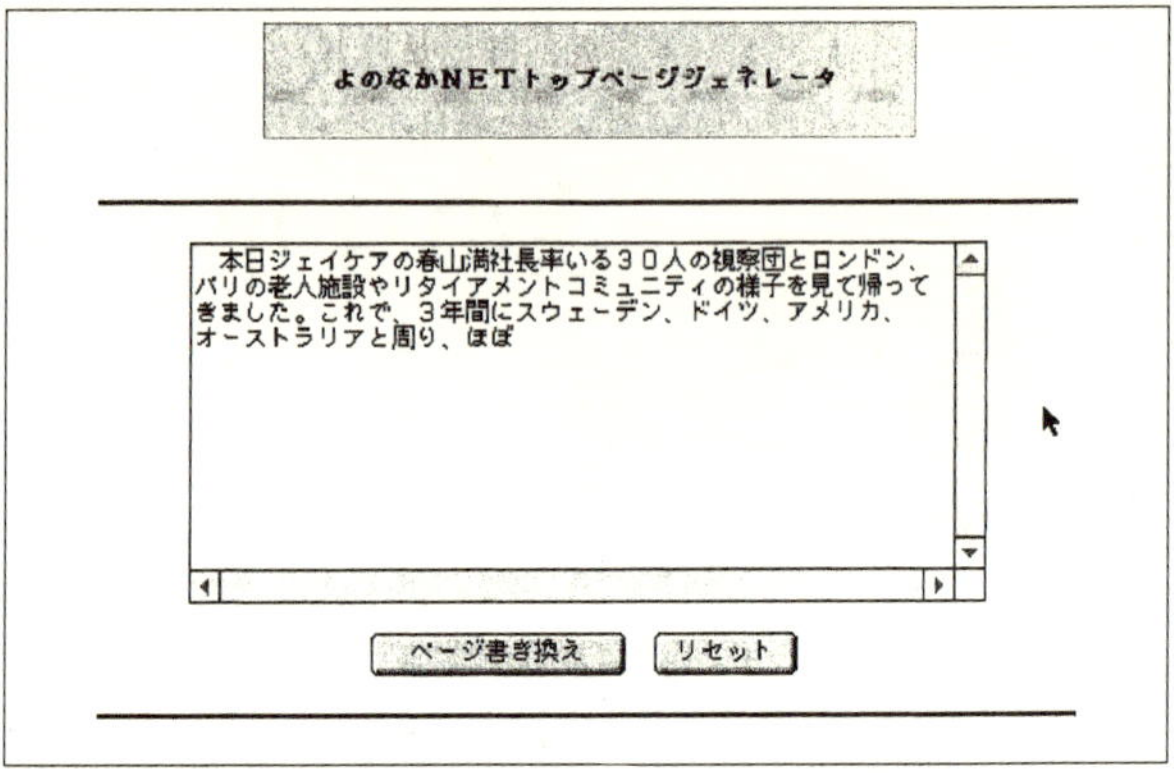

図2　トップページジェネレータの画面

きてくれたベンチャー企業の社長もいました。

(6)最後に、左下にある「永福町伝言板」は、永福町という自分の住む町の情報をゲットできるページです。「永福町フォーラム」という、誰でも自分の持っている情報や意見を書き込める「掲示板」を設けています。

その他に、いくつかの機能がトップページにはあります。

まず、正面下に「カズ通信」というのがあって、ここには、ぼくがその日感じたことや伝えたいことを自分のパソコンから自由に書き込める仕掛けがしてあります。ここでは、技術的なことについては一切述べませんが、とにかく、図2のトップページジェネレータを開いて、そこに書き込んでから「ページ書き換えボタン」をクリックすると、アッという間に（サーバー上のデータが書き換えられて）今書いたばかりのメッセージに入れ替わります。毎日書き換える時間はないので、ぼくは、だいたい一週間に一回金曜日か土曜日に書き換えるようにしています。

ぼくが体験したエピソードを少しだけここに書き込んで置いて、後に紹介する「よのなかフォーラム」という掲示板の方により詳しい情報を載せ、このページを訪ねてくれた方々から意見をもらうような、そんな立体的な利用も可能になります。

†他人にも価値あるデータとは?

それではまず、主要なページを覗いてみましょう。

次ページの図3は「としょかん」のページで、自分の著書を分野別に三つに分類し整理して見せています。ここには書評ページに飛べるボタンがあり、ボタンを押すと図4（一八八ページ）のページが出てきます。

「家を建てる前に読む本」「転職しようと思ったときに読む本」「子供が小学校に入ったら読む本」「親が寝たきりになる前に読む本」と四つのテーマ別にぼくのイチ押しの五～一〇冊の本について、ぼく自身の書評を見てもらうことができます。この書評については巻末に付録として載せましたので参考までにご覧下さい。ちなみに「家を建てる前に読む

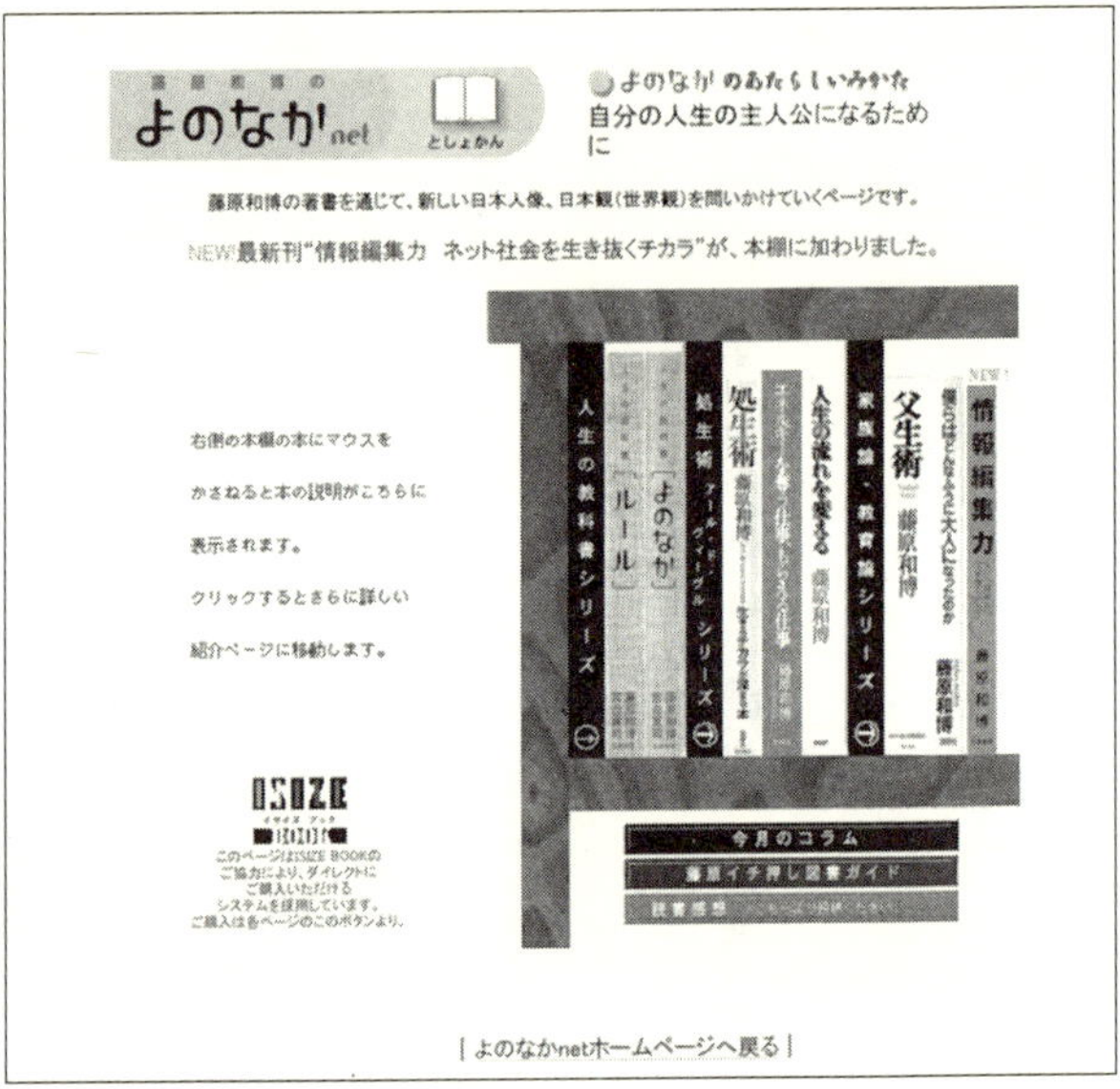

図3 「としょかん」のページ

本」については、実際自分で前年から家を建てる経験をしていて、基本設計を固める前に五〇冊以上の本を読んでからことにあたりました。そのなかから「新しい家の設計に対する自分の考えや方向性を決めるのに役に立った」と確信できるものを選び出して書評とともに紹介していますから、これから家を建てようとする施主はもちろん、ハウスメーカーの営業マンや工務店、住設機器関係の業者などにはかなり役に立つはずです。

　またこの後には、「転職しようと思ったときに読む本」として、仕事や人生やキャリアについて悩んだときに、ぼく自身がなにかインパクトを受けた本を書評とともに紹介しています。

自分が読んだ本を記録して、簡単な書評を書き入れてデータベースにしておくだけでもいいのですが、このようにテーマ別に、誰が読んでも役に立ちそうなものを並べておくと、他人にとっても価値あるデータベースになります。プロの批評家ではなくて、このような市井の個人の書評を徹底的に集積しようという試み（『レビュージャパン』http://www.review-japan.com）も始まっています。

本が好きな人は書評を、音楽が好きな人はCD批評を、釣りが好きな人は釣り場評を、地道にメモっておいて蓄積してみてください。

インターネットのHPの中には、ある特定の分野で、専門家やプロといわれる人たちより、よっぽど勉強しているプロ級のアマチュアがいます。そういう人がホンネでレポートしているページは、非常に貴重で利用価値があります。えせプロにダマされないためにも、大事な情報です。

あなただって、何かの分野で、プロ面《づら》している人たちの鼻をあかすような情報の蓄積があるはずです。

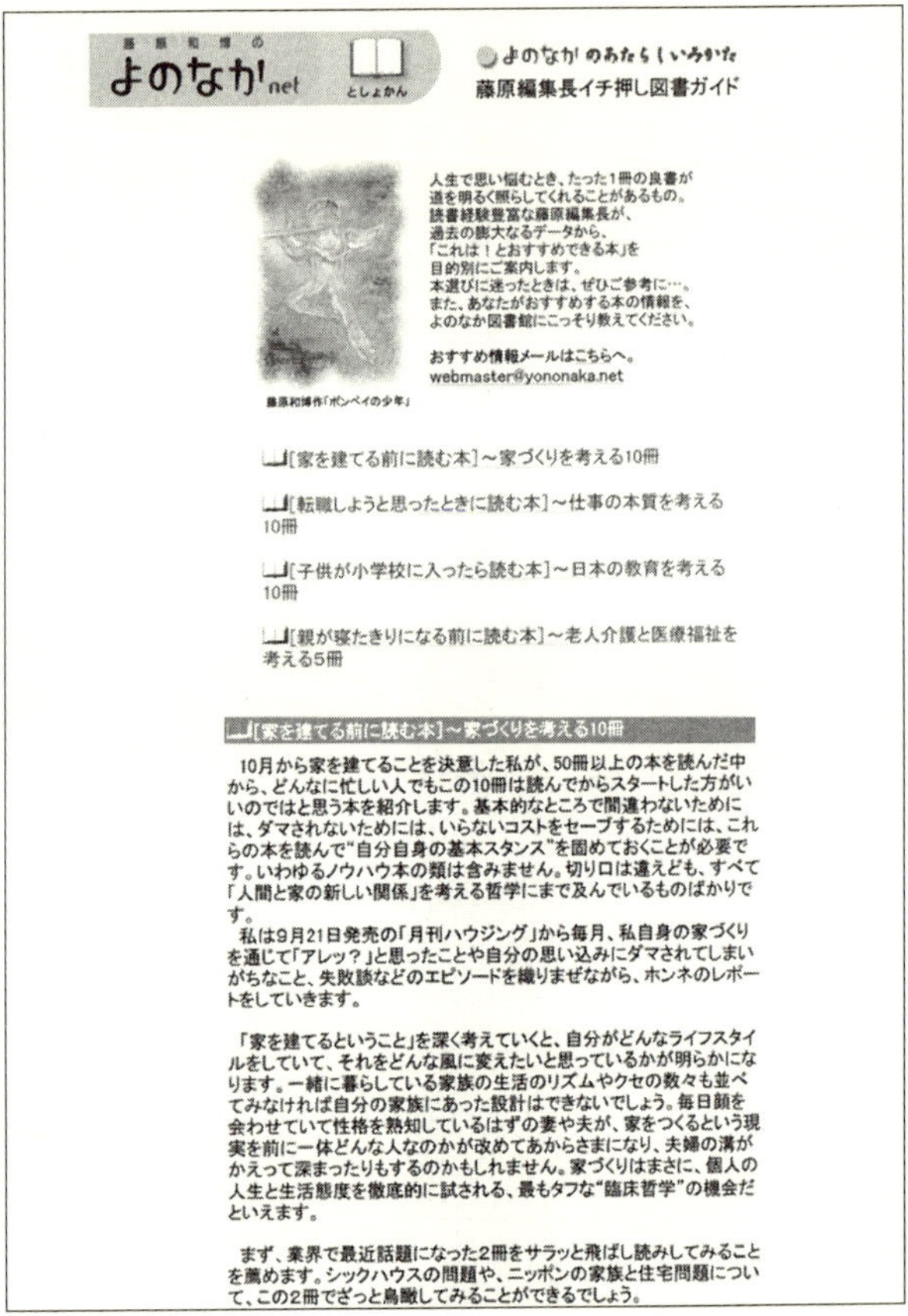
藤原和博の
よのなかnet
としょかん

よのなかのあたらしいみかた
藤原編集長イチ押し図書ガイド

藤原和博作「ポンペイの少年」

人生で思い悩むとき、たった1冊の良書が
道を明るく照らしてくれることがあるもの。
読書経験豊富な藤原編集長が、
過去の膨大なるデータから、
「これは！とおすすめできる本」を
目的別にご案内します。
本選びに迷ったときは、ぜひご参考に…。
また、あなたがおすすめする本の情報を、
よのなか図書館にこっそり教えてください。

おすすめ情報メールはこちらへ。
webmaster@yononaka.net

[家を建てる前に読む本]～家づくりを考える10冊

[転職しようと思ったときに読む本]～仕事の本質を考える10冊

[子供が小学校に入ったら読む本]～日本の教育を考える10冊

[親が寝たきりになる前に読む本]～老人介護と医療福祉を考える5冊

[家を建てる前に読む本]～家づくりを考える10冊

10月から家を建てることを決意した私が、50冊以上の本を読んだ中から、どんなに忙しい人でもこの10冊は読んでからスタートした方がいいのではと思う本を紹介します。基本的なところで間違わないためには、ダマされないためには、いらないコストをセーブするためには、これらの本を読んで“自分自身の基本スタンス”を固めておくことが必要です。いわゆるノウハウ本の類は含みません。切り口は違えども、すべて「人間と家の新しい関係」を考える哲学にまで及んでいるものばかりです。

私は9月21日発売の「月刊ハウジング」から毎月、私自身の家づくりを通じて「アレッ？」と思ったことや自分の思い込みにダマされてしまいがちなこと、失敗談などのエピソードを織りまぜながら、ホンネのレポートをしていきます。

「家を建てるということ」を深く考えていくと、自分がどんなライフスタイルをしていて、それをどんな風に変えたいと思っているかが明らかになります。一緒に暮らしている家族の生活のリズムやクセの数々も並べてみなければ自分の家族にあった設計はできないでしょう。毎日顔を会わせていて性格を熟知しているはずの妻や夫が、家をつくるという現実を前に一体どんな人なのかが改めてあからさまになり、夫婦の溝がかえって深まったりもするのかもしれません。家づくりはまさに、個人の人生と生活態度を徹底的に試される、最もタフな“臨床哲学”の機会だといえます。

まず、業界で最近話題になった2冊をサラッと飛ばし読みしてみることを薦めます。シックハウスの問題や、ニッポンの家族と住宅問題について、この2冊でざっと鳥瞰してみることができるでしょう。

図 4 「藤原編集長イチ押し図書ガイド」の書評ページ

ぼく自身も、ついこの間、宮台真司氏との共著『人生の教科書［ルール］』（筑摩書房）の序章と1章を書くにあたって「ニューハーフ」について調べる必要があり、検索エンジンでいくつかのサイトをあたりました。そのとき、たぶんどこかのニューハーフさんが自ら編集している『お父さんのための「性同一性障害」講座』（http://www.teleway.ne.jp/˜yukanchi/kouza/kouza.html　二〇〇〇年七月現在）というサイトを見つけ、そこに出ていた用語集や図書データが大変詳しくて助かりました。また、同じく『ルール』の中で扱った「少年法」や「脳死問題」などのテーマでも、司法や医療の第一線で仕事をされている方々が、普段は言えないホンネの意見や資料を、自分サイトに匿名でバシバシ書き込んでいるような赤裸々なページもありました。

「自分のつぶやきを聞いてください」という自己満足の域を超えて、他人にとっても価値あるホームページであるためには、このような〝資料性〟が不可欠です。まず、自分の得意分野の情報を、紙でもいいから蓄積するところから始めてみましょう。

†価値観を共有できる他人を捜す

次にぼくが自分の属性として大事にしているのは「団塊の世代」ではないということです。正確にいうと、団塊の世代の後に生まれてきた昭和三〇年前後から四〇年代生まれくらい。これをぼくは、団塊の世代の人たちが世の中をかき分けかき分け進んでくれる後から、非常に自由な真空地帯を比較的すいすいとバランスよく生きてこられた世代として「スリップストリーム世代」と名付けています。スリップストリームは、高速で駆け抜けるクルマの後ろにできる真空地帯のことです。

ソフトバンクの孫さんやアスキーの創業者の西さん、宗教家の大川さんなど一部超メジャーな方もいらっしゃいますが、この世代には、比較的市井に留まって、仕事と家族をバランスよく大事にする価値観を持ちながら、個人としてユニークな活動をしている人が多い。どこか〝公共的な価値《パブリックバリュー》〟を重んじるようなところもあります。図5の「よのなかのおとなたち」のコーナーでは昭和三〇年代生まれの仲間達を紹介していますが、実際、NPOを推進している女性も多い。

〝価値観の共有〟などというと、なにか難しい響きがありますが、ようは子供の時に教室や通学路をともにしていたクラスメートと同じ感覚でつき合えるということ。同じテレビ番組を見て育ったこともあり、必ずしも同郷でも同じ学校を卒業したわけでもないのに、喋っていることの背後に感じる気配が似通っている。たぶん大事にしているものが、共通しているのでしょう。なぜか「そうそう、そうなんだよ」と頷いてしまう。

図5 「よのなかのおとなたち」のページ

「名犬ラッシー」「白馬童子」「不思議な少年」「七色仮面」「少年探偵団」「ナショナルキッド」「マリンコング」「海底人8823」……「ひょっこりひょうたん島」「ケペル先生こんにちわ」……やや長じて「サンダーバード」「スーパージェッター」「怪獣ブースカ」「忍者ハットリ君」……さらに長じて「サインはV」「アタックNo.1」「宇宙家族ロビンソン」「ミステリーゾーン」……前後してゾンビーズ「ふたりのシーズン」、クリーデンス・クリアーウォーター・リバイバル「雨を見たかい」……中学になってビートルズ、サイモンとガーファンクル……高校の時には後楽園にグランドファンクレイルロードが来て雨の中コンサートをやった……レッドツェッペリン「天国への階段」のジミーペイジのギター……エマーソン・レイク・アンド・パーマー「展覧会の絵」、ピンクフロイド「原子心母」、エッ、こんなのもロック？……そしてビージーズの音楽とともに「小さな恋のメロディ」、エルトンジョンの「ユア・ソング」。

「イージーライダー」のピーター・フォンダが「体制に対する反逆」とか「自由への逃走」といった団塊の世代の価値観を代表するイメージリーダーであったとすれば、僕たちは「巨人・大鵬・タマゴ焼き」世代と総称されるわりには、誰か特定のヒーローに対して崇拝するような態度をとらなかった。適度な「距離感《ディスタンス》」と「バランス感覚」を身上としていたような気がします。

そして、けっして「ドラえもん」世代でも「アンパンマン」世代でも、ましてや「ピカチュー」世代でもない。

なにか公共的なものや家族、あるいは地球環境や地域社会といった産業社会が切り捨ててきたものを大事にする価値観を共有しながら、むやみに群れることなく柔らかく繋がって、しだいに力を発揮してきた。そんな底力があるようにも感じています。

それは、逆にいえば僕らが、日本の〝産業主義〟主導の経済成長の恩恵を、最も享受したものたちだからかもしれません。

話している相手の背後にある物語を大事にする感覚が「スリップストリーム世代」に特徴的な美徳である以上、「自分史」を書くようなことも十分にお奨めできます。

そこで、図5の下の方には、ぼくの同僚が運営している「自分史クラブ」というサイトへ飛べるボタンがついています。こういう機能のことを「他のサイトにリンクを張っている」といいます。あなたも自分サイトを作ったら、関連の深い他のサイトの運営者と協議してリンクを張れば、クリック一発であっちへ飛んだり、こっちへ来たりすることができるようになります。

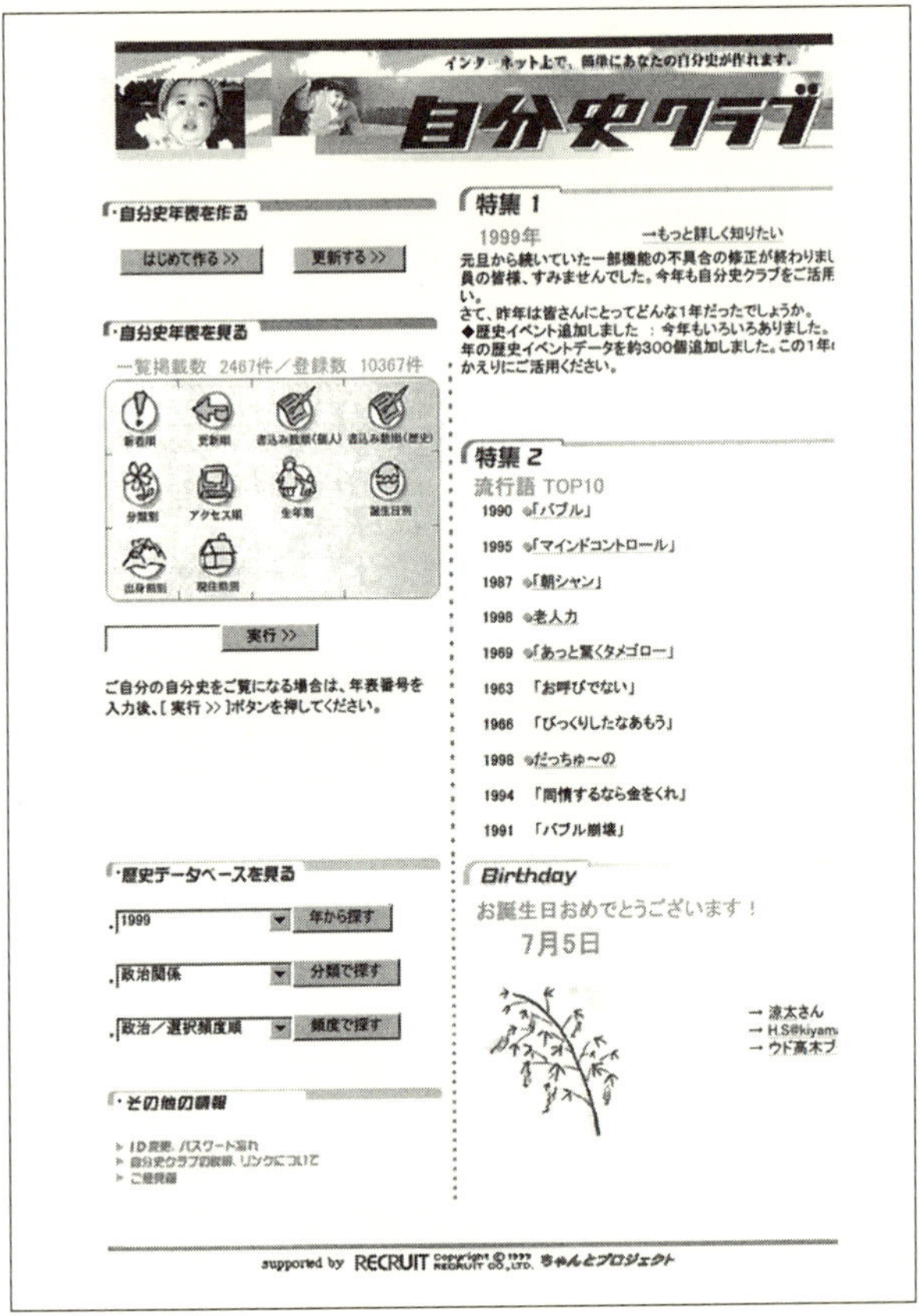

図6 「自分史クラブ」サイトのトップページ
運営：ちゃんとプロジェクト　テーマ：生きた証を残すこと

ちなみに「自分史クラブ」のサイトに飛ぶと、図6のようなトップページがあり、「私が生まれた昭和三〇年にはアメリカでディズニーランドが誕生した」なんていう歴史イベントと組み合わせながら、ひとりで自分史を編集していくことができます。

最初に述べた「切り口」探しのために、はじめに「自分史」を書いてみるのも一考に価するかもしれません。

†職場以外で一緒に仕事したい人を捜す

次に示す三つのページは、自分が仕事としている物事をいくつかの切り口からプレゼンテーションし、興味のある人との組織を超えたネットワークを作ろうとするものです。

次ページの図7は、会社の「フェロー」（客員）として、社員ではなく、かといって、全く独立しているのでもない、半独立の不思議な共生関係を会社と自分の間で築いている人たちの紹介です。ぼく自身も含めて「個人と企業との新しい関係」にチャレンジしている六人の姿を紹介しています。

図8（一九八ページ）は、ぼくが取り組んでいる三つのプロジェクトの進行報告です。このページを見てくれた人の中からネット上で協力を申し出てくれる人もいます。また、初めて会った人に、そのときは上手く説明ができなかったプロジェクトについて、ぼくの

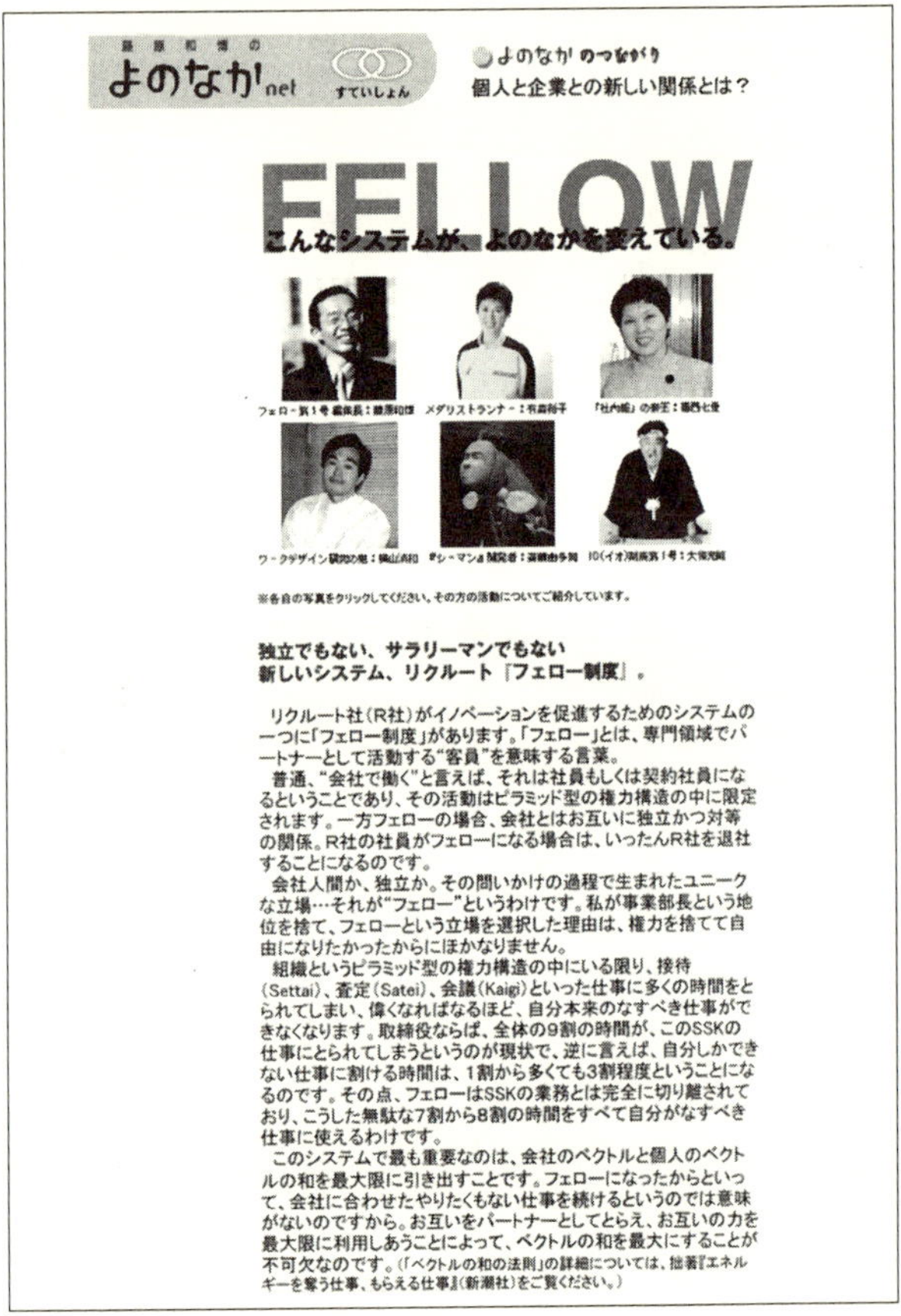

藤原和博の
よのなかnet すていしょん

よのなかのつながり
個人と企業との新しい関係とは？

FELLOW
こんなシステムが、よのなかを変えている。

フェロー第1号 編集長：藤原和博
メダリストランナー：有森裕子
「社内報」の女王：福西七重
ワークデザイン研究の雄：横山清和
『シーマン』開発者：斎藤由多加
IO（イオ）制度第1号

※各自の写真をクリックしてください。その方の活動についてご紹介しています。

独立でもない、サラリーマンでもない
新しいシステム、リクルート『フェロー制度』。

リクルート社（R社）がイノベーションを促進するためのシステムの一つに「フェロー制度」があります。「フェロー」とは、専門領域でパートナーとして活動する"客員"を意味する言葉。

普通、"会社で働く"と言えば、それは社員もしくは契約社員になるということであり、その活動はピラミッド型の権力構造の中に限定されます。一方フェローの場合、会社とはお互いに独立かつ対等の関係。R社の社員がフェローになる場合は、いったんR社を退社することになるのです。

会社人間か、独立か。その問いかけの過程で生まれたユニークな立場…それが"フェロー"というわけです。私が事業部長という地位を捨て、フェローという立場を選択した理由は、権力を捨てて自由になりたかったからにほかなりません。

組織というピラミッド型の権力構造の中にいる限り、接待（Settai）、査定（Satei）、会議（Kaigi）といった仕事に多くの時間をとられてしまい、偉くなればなるほど、自分本来のなすべき仕事ができなくなります。取締役ならば、全体の9割の時間が、このSSKの仕事にとられてしまうというのが現状で、逆に言えば、自分しかできない仕事に割ける時間は、1割から多くても3割程度ということになるのです。その点、フェローはSSKの業務とは完全に切り離されており、こうした無駄な7割から8割の時間をすべて自分がなすべき仕事に使えるわけです。

このシステムで最も重要なのは、会社のベクトルと個人のベクトルの和を最大限に引き出すことです。フェローになったからといって、会社に合わせたやりたくもない仕事を続けるというのでは意味がないのですから。お互いをパートナーとしてとらえ、お互いの力を最大限に利用しあうことによって、ベクトルの和を最大にすることが不可欠なのです。（「ベクトルの和の法則」の詳細については、拙著『エネルギーを奪う仕事、もらえる仕事』（新潮社）をご覧ください。）

図7 「よのなかのつながり」のページ

サイトに詳しく書いてありますから見ておいてくださいと、別れ際に伝える場合もあります。ロベタの人にとっては、かえってこの方が、きちっとプレゼンテーションできるかもしれません。通常は、相手がぼくのサイトの住所（URL）を入力すればすぐ見れるように、http://www.yononaka.net/というようなアルファベットの並びをしっかり書いて渡します。英文表記なので、電話などで口づたえすると微妙なところが違っていてページを開けない場合があります。ですから、電話の相手に自分サイトの住所（URL）を伝える場合には、必ず紙に書いてファックスをするようにします。Eメールで相手に伝える場合には、URLを本文中に書き入れれば、先方についた時点でURL部分の色が変わって、それを単純にクリックするだけで、そのサイトを開くことができます。

プロジェクトの報告ページに関しては、自分でホームページを制作していれば進行状況をアップ・トゥ・デートに変更できるのですが、ぼくは友人に制作を頼んでいるため、どうしても直すのがおっくうになる。結果、一年に一回くらい改訂すればいいかなんてことになってしまいます。本当は仕事の報告ですから臨場感があった方がいいわけで、リアルタイムに更新されていくのが理想でしょう。

そういう意味では、図8の仕事のレポートページは静的で、語っている中身のわりには半分死んでいます。どうぞ、悪い例として覗いてみてください。

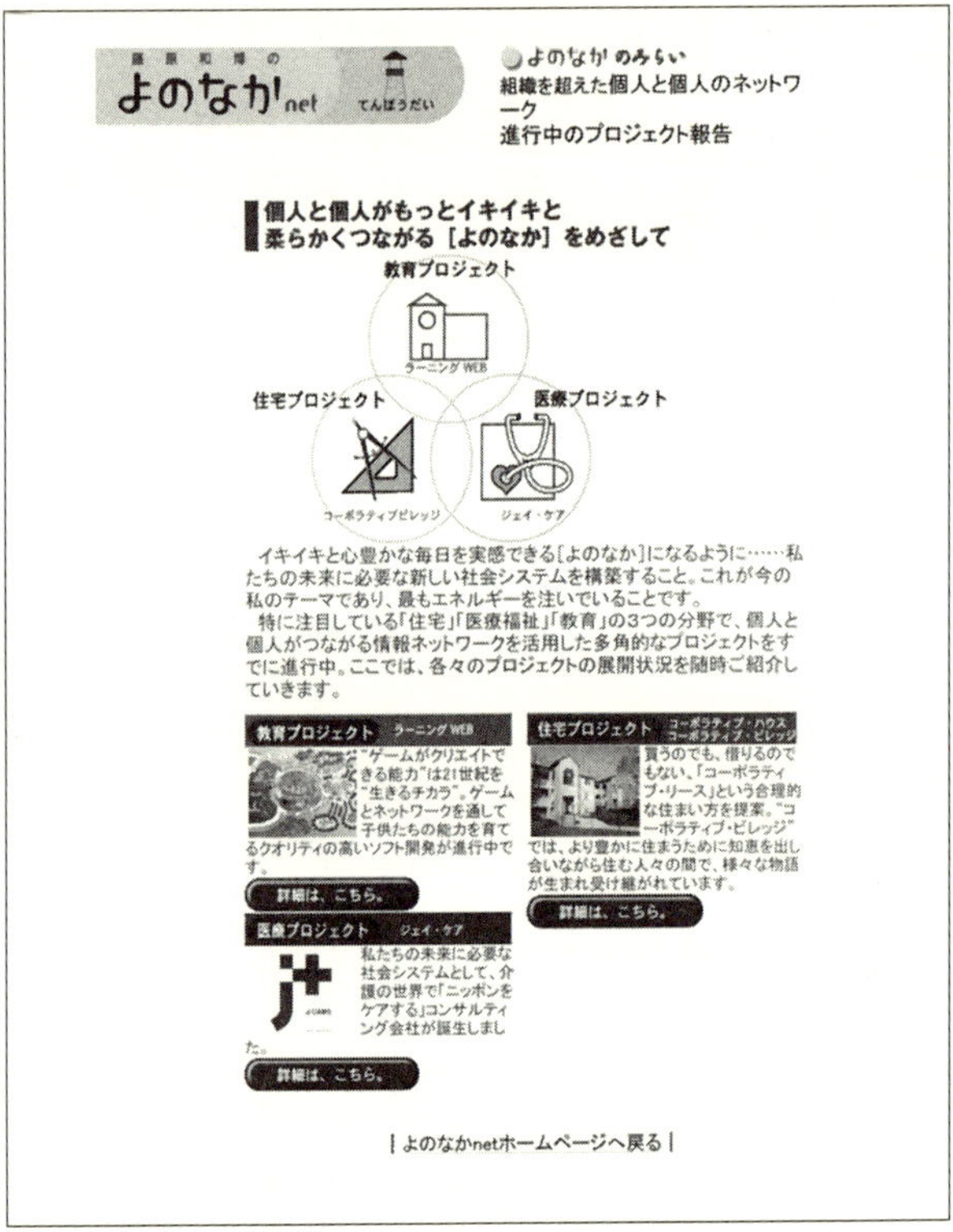
藤原和博の
よのなかnet
てんぼうだい

よのなかのみらい
組織を超えた個人と個人のネットワーク
進行中のプロジェクト報告

個人と個人がもっとイキイキと
柔らかくつながる［よのなか］をめざして

教育プロジェクト
ラーニングWEB
住宅プロジェクト
コーポラティブビレッジ
医療プロジェクト
ジェイ・ケア

イキイキと心豊かな毎日を実感できる［よのなか］になるように……私たちの未来に必要な新しい社会システムを構築すること。これが今の私のテーマであり、最もエネルギーを注いでいることです。
特に注目している「住宅」「医療福祉」「教育」の3つの分野で、個人と個人がつながる情報ネットワークを活用した多角的なプロジェクトをすでに進行中。ここでは、各々のプロジェクトの展開状況を随時ご紹介していきます。

教育プロジェクト　ラーニングWEB
"ゲームがクリエイトできる能力"は21世紀を"生きるチカラ"。ゲームとネットワークを通して子供たちの能力を育てるクオリティの高いソフト開発が進行中です。
詳細は、こちら。

住宅プロジェクト　コーポラティブ・ハウス　コーポラティブ・ビレッジ
買うのでも、借りるのでもない、「コーポラティブ・リース」という合理的な住まい方を提案。"コーポラティブ・ビレッジ"では、より豊かに住まうために知恵を出し合いながら住む人々の間で、様々な物語が生まれ受け継がれています。
詳細は、こちら。

医療プロジェクト　ジェイ・ケア
私たちの未来に必要な社会システムとして、介護の世界で「ニッポンをケアする」コンサルティング会社が誕生しました。
詳細は、こちら。

｜よのなかnetホームページへ戻る｜

図8　「よのなかのみらい」のページ

あなたも、自分サイトをオープンする時には興奮して、みんなに手紙やメールで告知すると思います。でも、オープン後の情報の更新やメンテナンス、より見栄えや使い勝手をよくする努力についても初めから考えておかないと、すぐに飽きられてしまいます。

「継続はチカラなり」です。

次ページの図9は、ぼくが関わっているNPO「子供地球基金」の紹介です。

とはいっても、ただ「子供地球基金」のサイトにリンクさせているだけではなく、ぼく自身の解釈、自分の関わりを通した「子供地球基金」の活動をレポートしています。もちろん、ここで寄付《ドネーション》や様々な協力をしてくれる仲間が現れれば素敵だなと思っています。

このページを訪ねて初めて「子供地球基金」を知った人も、「子供地球基金」のホームページに直接コンタクトした人も、数はチェックできないので、このページの貢献度もデータで計ることはできません。でも、NPOに対する貢献というのは、おおかたが、そんな目に見えない貢献でいいのではないかと思っています。

藤原和博の

よのなかnet

あそびば

よのなかのこどもたち

こどもたちのアートが世界の架け橋

子供たちの絵で地球を塗り替えよう！

＊子供地球基金＊

※上のイラストをクリックすれば、絵が変わります！

何度かやってみてください。

まずは子供たちの絵を見てください。

左の絵のように、戦災や紛争で傷ついた子供たちの絵からは色彩が失われます。それは必ずしも、道路や家が真っ黒に焼けこげているせいだけでも、暗い色のクレヨンしか手に入らないからというわけでもなく、子供たちの心の中に映った大人社会の荒んだあり様をありのままに描いているのだとも言えるでしょう。

逆に平和な国に住む子供たちの絵は、同じく戦争について描いてもらっても、武器から花が出てくるというように明るいテーマと色彩になります。

子供たちの絵は、私たち大人が創る社会の鏡だと"子供地球基金"では考えています。ですから、傷ついた子供たちが私たち平和な国の子供たちとともに、再び豊かな色彩で[よのなか]を観ることができるように、「キッズ・アース・ホーム」を拠点にして、アートを通じたホットなネットワークを世界中に築いていこうと活動を続けています。

世界中の子供たちの描く絵に、豊かな色彩がもどってくるように・・。そして同時に私たちが、色彩豊かに描かれるに足るこころ豊かな社会を実現できるように・・・。

KIDS EARTH FUND

1988

アートを通じて
恵まれない子供たちと
地球規模の交流を！

私が常任理事を務める子供地球基金（キッズ・アース・ファンド）は、「子供たちの絵で地球を塗り替えよう！」を合い言葉に、紛争や災害で心の傷を負った子供たちを支援するために、世界各地で展覧会（キッズ・アース・ギャラリー）を開き、彼らが描いた絵を多くの人に観てもらうことで基金を募っているNPOです。日本の子供たちにも、アートを通じて恵まれない子供たちと地球規模の交流をすることで、"平和を願い、実践する国際人"として、大人同様に一人の支援者となってもらえるよう様々なプログラムを準備しています。

図９「よのなかのこどもたち」のページ

†知らない人と議論する、知ってる人と議論する

『よのなかネット』のなかには、二つのフォーラムがあります。

フォーラムというのは掲示板のことで、誰でも、自分の意見や感じたことを書き込める「駅の伝言板」か「教室のうしろの黒板」のようなものです。前の人が書き込んだ話に反応して繋げて意見を書くこともできますし、全く新しい発言をいきなり先頭にたってすることもできます。学校のクラスでの討論や、会社の会議での意見交換と違うところは、相手の顔が見えない中で自分の意見を述べるという点です。

相手が知らない人だとやりにくいんじゃないかと思うかもしれません。でも、やってみればすぐ分かるのですが、知らない相手だからこそ大胆になれるということもあります。必要以上に緊張してしまったり、必要以上に乱暴な発言になってしまったり、初めはみんな戸惑いながらなのですが、そのうち知らないもの同士で語る場合の礼儀《マナー》のようなものが自然に身に付いてきます。

こういう礼儀《マナー》のことをネット上でのエチケットという意味で「ネチケット」といいます。同様に、ネット上での手順やネットを使うノウハウを総称して、ネットのリテラシー（文法や手順）という意味で「ネテラシー」と呼んだりします。

「ネチケット」や「ネテラシー」は、やっているうちに身に付くものですので、初心者マークをつけているうちは気にしないで、どんどん意見を述べましょう。
ぼくもネット上ではまだ、掲示板でもメールでも、語気についつい力が入ってしまいます。結果的に「キツイ言い方」になってしまうことがあり、送信ボタンを押してしまってから「ああ、相手を傷つけてしまったかなあ」と反省することしきりです。いまだにキーボードを見ながら文字を打っており、しかも左手は人差し指でひたすら「a」（日本語の母音として圧倒的に登場する）を打つだけの自分流。時間がかかるので、文章をなるべく短くしようとするためもあります。面と向かった会話では当たり前にするような、前後のもってまわった言い回しを切り捨てると、実にダイレクトな言いっぷりになってしまう。最近は気がつくと、「a」のそばの「s」「e」あたりも左手で打つようになってはいますが、あいかわらずタイピングは遅いです。

図10-1は「よのなかフォーラム」という掲示板です。建前上は「新しい日本人の姿について、ライフスタイルについて、考える掲示板」としてありますが、ぼくのサイトのテイストが自分にあっていると感じてくれている何人かの人々との意見交換の場になっています。次の図10-2のような原稿用紙《フォーム》に書き込めば、ボタン一発で投稿できます。本名で

藤原和博作「海月」1991.1

[もどる] [メッセージを投稿] [新着記事一括] [掲示板の使い方] [ワード検索] [過去ログ] [管理用]

- 48時間以内の記事は NEW で表示されます。
- ツリー先頭部の ◆ をクリックすると関連記事を一括講読できます。

◆ - 情報編集力ありがとうございます。 - 黒豹キャサリン 2000/04/11(Tue) 15:45 No.223
└ テレビ見ました。 - ありきた 2000/04/17(Mon) 09:16 No.224
└ 編集長、延々の深夜トークでしたね - 小鹿マルガリータ 2000/04/18(Tue) 06:58 No.228
└ Re: 編集長、延々の深夜トークでしたね - カズ 2000/04/19(Wed) 01:04 No.230
└ ブレークスルーの勇気？ - 小鹿マルガリータ 2000/04/19(Wed) 07:54 No.231
└ Re: ブレークスルーの勇気？ - ありきた 2000/04/19(Wed) 21:29 No.232
◆ - 無題 - 2000/04/10(Mon) 09:08 No.222
◆ - 新宿天使の羽ばたき - 小鹿マルガリータ 2000/04/05(Wed) 08:16 No.208
└ Re: 新宿天使の羽ばたき - 月夜子 2000/04/05(Wed) 11:24 No.211
└ すてきですね。実際、、 - ありきた 2000/04/05(Wed) 11:01 No.210
└ Re: すてきですね。実際、、 - カズ 2000/04/05(Wed) 22:02 No.212
└ 早速、、実は、、、 - ありきた 2000/04/05(Wed) 23:33 No.213
└ Re: 早速、、実は、、、 - カズ 2000/04/06(Thu) 21:48 No.214
└ 家と学校と塾と - ありきた 2000/04/07(Fri) 15:26 No.215
└ Re: 家と学校と塾と - カズ 2000/04/07(Fri) 22:02 No.216
└ 追記 - カズ 2000/04/08(Sat) 10:16 No.217
└ ありがとう！！ - ありきた 2000/04/08(Sat) 11:23 No.219
└ Re: ありがとう！！ - あまほろ 2000/04/09(Sun) 11:26 No.221
└ ちょっと待って！ - 狩野 2000/04/08(Sat) 20:51 No.220
└ さらに「お知らせ」 - カズ 2000/04/08(Sat) 10:41 No.218
◆ - 3040'sを更新しました - よのなかnet編集部 2000/03/24(Fri) 12:40 No.199
└ Re: 3040'sを更新しました - あまほろ星人 2000/03/25(Sat) 07:01 No.200
└ Re^2: 3040'sを更新しました - Mariko 2000/03/26(Sun) 08:00 No.201
└ あまほろ星人さん正体あらわる？ - 如月 2000/03/30(Thu) 03:08 No.205
└ あまほろさんのメッセージ - よのなかnet編集部 2000/04/02(Sun) 23:51 No.207
└ Re:リンク完了です。 - Mariko 2000/04/01(Sat) 00:01 No.206
◆ - 将来の夢、、、、 - ありきた 2000/03/24(Fri) 10:26 No.198
└ 女の時代到来！？ - 小鹿マルガリータ 2000/03/28(Tue) 07:12 No.202
└ Re: 女の時代到来！？ - カズ 2000/03/28(Tue) 22:59 No.203
└ Re^2: 女の時代到来！？ - ありきた 2000/03/29(Wed) 10:26 No.204
◆ - 新刊情報アップしました！ - よのなかnet編集部 2000/03/16(Thu) 13:21 No.193

図 10-1 「よのなかフォーラム」のページ

＊ニックネームのことをネットの世界ではハンドルネーム（俗に「ハンドル」）と呼ぶ。

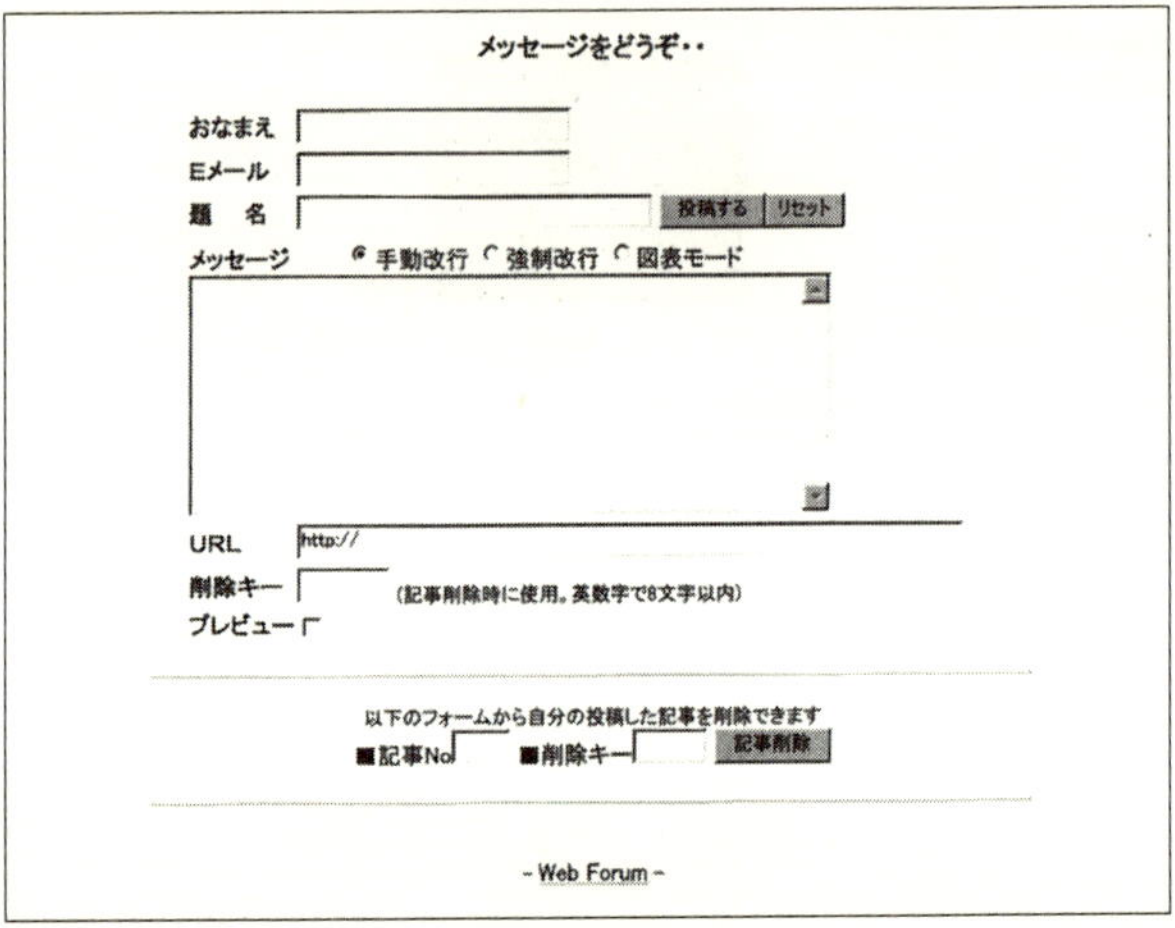

図 10-2　メッセージを投稿するページ

の投稿よりは、ニックネームでの参加の方が多い。でも、ニックネームで度々登場していると、そのニックネームに対して、その人特有のキャラクターがだんだん醸成されていくようなところがあり、全く違和感はありません。「藤原和博」という人物と、ネット上での「カズ」というキャラクターの間にたとえギャップがあるとしても、それぞれに一本筋が通っていれば、認められるということです。逆に、文字と語り口だけで人物のキャラクターを想像することは、見た目や出身校や会社の格、あるいは名刺交換したときのような役職や地位での判断ができないわけですから、偏見のはいる余地が少なく、男女の差でさえも気になりません。

したがって、かえってフランクに、フラットな関係で話をすることができるように感じます。掲示板ではこうして、通常の組織における〝上下関係〟がない会話が連鎖していきます。六五歳の元社長と一七歳の高校生が、趣味のリモコン・ヘリコプターについて全く対等に会話できる場がつくれるのです。

「よのなかフォーラム」では、いま、教会でのゴスペルコンサートの告知から、新宿中央公園でのホームレスに対する炊き出しの話題まで、経済やビジネスの話題ではなく、もう少し精神的な話題が多くなっています。こころが震えるような経験をした場合に、それを報告しあうというような感じです。会ったことのない人と誘い合って、フォーラムに登場するアーチストの発表の場に集うというようなことも起こっています。

†井戸端会議は復興するか

次ページの図11-1は、もう一つ別の掲示板で「永福町コミュニティフォーラム」といいます。「よのなかフォーラム」が話題を限定しない掲示板なのに対して、「永福町コミュニティフォーラム」の方は、地域社会と学校教育を意識的に話題にしています。

はじめは、ぼく自身が取り組んでいる地元の公立小学校のコンピュータルーム支援計画から始まりました。だんだんと、その小学校に息子や娘を通わせているお父さん、お母さ

[もどる] [メッセージを投稿] [新着記事一括] [掲示板の使い方] [ワード検索] [過去ログ] [管理用]

※こちらは「永福小学校」を核として、子どもたちの総合学習/情報学習と、
父兄、OB、OG、地域の人々の生涯学習を応援する会議室です。
●48時間以内の記事は NEW で表示されます。
●ツリー先頭部の ■ をクリックすると関連記事を一括講読できます。

■ - 無題 - カズ 2000/04/05(Wed) 22:19 No.66
　└「お知らせ」です - カズ 2000/04/08(Sat) 10:48 No.69
■ - 学校でパソコンを使う、ということについて - 母親の一人 2000/03/31(Fri) 11:21 No.66
　└ Re: 学校でパソコンを使う、ということについて - 風来坊 2000/03/31(Fri) 18:43 No.67
■ - 4月1日新年度に向かって～他の学校のお父さんたちに学ぶ - カズ 2000/03/28(Tue) 23:27 No.64
　└ 遅ればせながら「ちょっといい話し」 - サイトウ 2000/03/29(Wed) 09:36 No.65
■ - 子ども達が生き延びるために - エンジニア 2000/03/19(Sun) 10:26 No.62
　└ Re: 子ども達が生き延びるために - カズ 2000/03/19(Sun) 17:00 No.63
■ - けっこういい線いってるのかも - 狩野 2000/03/17(Fri) 23:48 No.61
■ - 個人情報保護条例とインターネットの関係って？ - りんご 2000/03/15(Wed) 00:23 No.52
　└ Re: 個人情報保護条例とインターネットの関係って？ - PEN人 2000/03/16(Thu) 17:43 No.56
　　└ Re^2: 個人情報保護条例とインターネットの関係って？ - りんご 2000/03/17(Fri) 20:46 No.60
■ -【中止の理由は何ですか？】- 堅太郎の父 2000/03/10(Fri) 23:41 No.48
　└ Re:【中止の理由は何ですか？】- 狩野といいます。はじめて意見します。 2000/03/11(Sat) 21:25 No.49
　　└【個人情報保護条例ですか】- 堅太郎の父 2000/03/14(Tue) 08:42 No.50
　　　└ Re:【個人情報保護条例ですか】- カズ 2000/03/14(Tue) 22:31 No.51
　　　　└ ご存じですか。- 世田谷の住人 2000/03/15(Wed) 11:42 No.53
　　　　　└ 条例の存在というより、問題意識の差か？ - 堅太郎の父 2000/03/17(Fri) 10:00 No.58
　　　　　└ そう、井の中の蛙、大海を見ずでは困りますよね。- 風来坊 2000/03/16(Thu) 02:19 No.55
　　　　　└ Re: ご存じですか。- 参考までに 2000/03/15(Wed) 22:00 No.54
■ - 小学校パズル - RINGkaze 2000/02/19(Sat) 10:42 No.43
■ - 永福町を盛り上げましょう - D 2000/02/15(Tue) 21:10 No.39
　└ Re: 永福町を盛り上げましょう - カズ 2000/02/16(Wed) 23:48 No.42
■ - 来週杉並区情報化委員会に提出する私案です - カズ 2000/02/05(Sat) 22:46 No.37
　└ 関連資料「子どもの本格的な参け画によって社会変革に成功したケース」 - カズ 2000/02/06(Sun) 15:24 No.38

図 11-1 「永福町コミュニティフォーラム」のページ

んの輪が広がり、永福小学校の情報学習や総合学習を支援するグループの集いとなりました。最近はそこに、京都大学の学生が紛れ込んできて、地域社会の明日を考えるときに欠かせない「エコマネー」についての議論や勉強報告を載せてくれています。彼らは永福町の周りに住んでいるわけではないのですが、京都の〝地域社会〟の再生を問題意識として持っていると、自然に「教育」や「介護」や「環境」や「エコマネー」という話題に行きつきます。

また図11-2にあるように、永福小の父兄の一人が、紛れ込んできた京大の学生に質問するような場面もありました。二〇歳は離れている人間からの問いかけと、それに対する真摯な答えの応酬など、家族の中では照れてしまってなかなかできないもの。会社の中であっても、どうしても上下関係が顔を出してしまって嫌らしくなるのが普通です。掲示板では、たとえお互いが実名で出ていたとしても、顔を知らないもの同士の場合、そこには一種の〝匿名性〟がキープされ、フラットな関係が維持されます。

インターネットというのは、こういった意識の連鎖を起こさせるメディアなんだなあと、掲示板での実践からつくづく思います。場所は離れていても、問題意識が共有されていれば、非常に近しい関係のように感じることができます。だから、顔も知らない相手と年齢や経験の開きを超えて、フランクな話し合いが可能になる。ここでも、先の図10-2で見

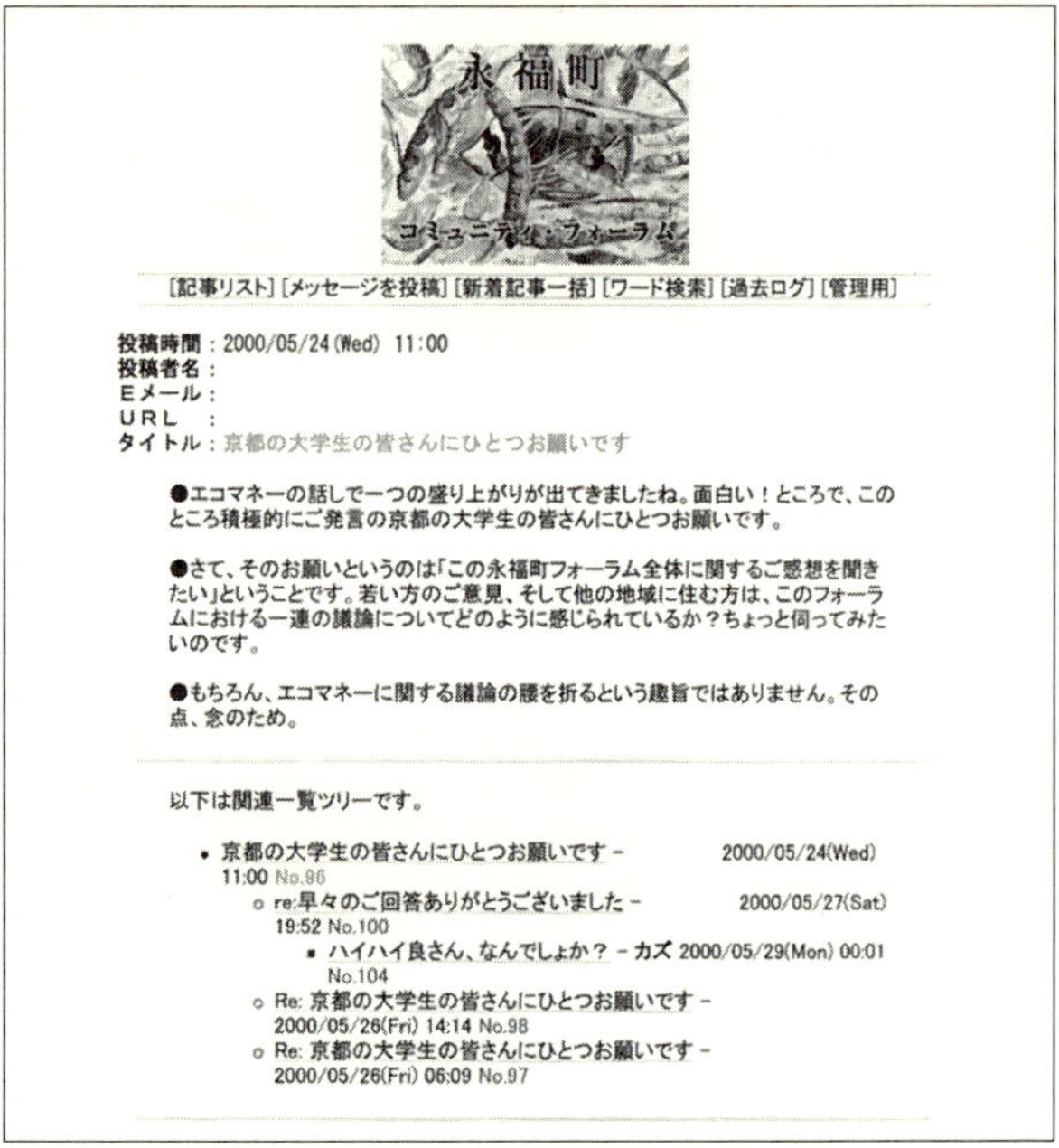

[記事リスト] [メッセージを投稿] [新着記事一括] [ワード検索] [過去ログ] [管理用]

投稿時間：2000/05/24(Wed) 11:00
投稿者名：
Eメール：
URL　：
タイトル：京都の大学生の皆さんにひとつお願いです

●エコマネーの話しで一つの盛り上がりが出てきましたね。面白い！ところで、このところ積極的にご発言の京都の大学生の皆さんにひとつお願いです。

●さて、そのお願いというのは「この永福町フォーラム全体に関するご感想を聞きたい」ということです。若い方のご意見、そして他の地域に住む方は、このフォーラムにおける一連の議論についてどのように感じられているか？ちょっと伺ってみたいのです。

●もちろん、エコマネーに関する議論の腰を折るという趣旨ではありません。その点、念のため。

以下は関連一覧ツリーです。

- 京都の大学生の皆さんにひとつお願いです - 2000/05/24(Wed) 11:00 No.96
  - re:早々のご回答ありがとうございました - 2000/05/27(Sat) 19:52 No.100
    - ハイハイ良さん、なんでしょか？ - カズ 2000/05/29(Mon) 00:01 No.104
  - Re: 京都の大学生の皆さんにひとつお願いです - 2000/05/26(Fri) 14:14 No.98
  - Re: 京都の大学生の皆さんにひとつお願いです - 2000/05/26(Fri) 06:09 No.97

図 11-2　コミュニティフォーラムでの意見交換

たような原稿用紙《フォーム》に書き込んで「投稿する」ボタンを押すだけで、前の意見に関連するツリー上に自分の投稿を入れることが可能です。

　勿論一方で、顔の見えないことや、言いっぱなしですんでしまうというメディアとしての限界もあるわけですから、問題も出てきます。個人に対する誹謗中傷問題が起こったり、女子学生の投稿を狙ってエロ写真を送信するようなイタズラをする不届きものも出てくる。そういう意味では、インターネットは社会の鏡であり縮図です。殴りかかったり、ナイフで刺したりできない分、言葉の暴力の問題も起こります。幸いにして、ぼくの主催する掲示板には参加者が限られているためか、まだ、こういう問題が起こってはいません。

以上、ぼくの自分サイト『よのなかネット』の例を示しながら、ホームページでは一体どんなことが可能になるのかを示してきました。

あなたもまず、自分の持ち味やキャラクター、してきた経験や持っている情報の蓄積を棚卸しして、すべての「切り口」をキーワードにして分類することから始めてみましょう。そして最後に、そのうちいくつの「切り口」が、他人にとっても価値あるものになりうるか、考えてみてください。

他人にとっても価値あるものを、個人として生み出し続けること。

それができれば、あなたはもう、インターネットの海に〝自分の港〟を持ったに等しい。

さあ風を受けて、いざ、出航《ボン・ボワイヤージュ》！

むすび

プレゼンテーションは、弱い人間が、自分を武装する手段だ。

私自身が弱い人間であったからこそ、ここに書き連ねてきたような「プレゼンテーションの技術」という講義ができるほど、ノウハウや哲学が蓄積しました。考えてみれば、それは私が〝ひとりっ子〟として育ち、常に自分をとりまく世界や新しい環境に恐怖しながら、自分の場所を作ってこざるを得なかった出自にも関係しているのかもしれません。また、二〇年以上に渡って仕事人生を共にしているリクルートという会社と、その仲間とともに獲得した技術もあります。

いずれにせよ私には、有無を言わせず相手を命に従わせる権力や資力や名声や、いかなる権威もなかったから、自分が何者であるかということや、自分がやりたいことを、仕事上のパートナーの興味志向や世界観に合わせながら、説明してこざるを得なかった。

いっぽう強者は、プレゼンテーションする必要はないのでしょうか？

あの天才レオナルド・ダ・ヴィンチでさえ、いかに自分が攻め落としにくい城を造ることができるか、人生を通じてメディチ家にプレゼンしました。空前のヒットメーカーで、どうか私の所で次の作品を作ってくださいと何人もが列をなしているであろうアニメ作家の宮崎駿さんや映画監督のジョージ・ルーカス氏でさえも、企画を通すための「プレゼンテーション」に情熱を傾けているであろうことも、想像に難くありません。

なぜなら、自分の夢やビジョンといったものを、限りなく近いカタチで実現しようとすれば、多くの関係者にプレゼンテーションして、そのイメージを共有してもらわなければならないからです。

プレゼンテーションは、その意味で「人間が自由になるための技術」だということもできます。

ただし、私はこの本の中で、自分の理想だけを突きつけるアングロサクソン・タイプのプレゼンテーションを強調しませんでした。それよりも、より日本流のスタイルだと考えている三つのエッセンスを紛れ込ませてきたつもりです。

一つには、小手先のプレゼン技術よりあなた固有のキャラクターで、第一印象を演出すること。

二つには、弱みを素直に出してそれを強みとすること。

三つ目には、デジタル技術も含めて、あまり大げさな手段に頼らないことです。手段に溺れると、せっかくのあなたのキャラクターが、殺されてしまう。

プレゼンテーションとは結局、「他人の抱く先入観《イメージ》から自由になり、新たに想いを共有できる人々とあなたのキャラクターとを結びつけるための技術」なのですから。

【付録】……以下は第5章に紹介したHP中の「としょかん―藤原編集長イチ押し図書ガイド」のページです。このように自分の蓄積を価値あるカタチで編集し社会に発信していくことの大切さを本書では書いてきたつもりです。プロフィールにもありますが、僕はいま、「教育」「介護」「住宅」「組織の壁を超えた個人と個人のネットワーク」ということに大きな関心を抱いています。

家を建てる前に読む本――家づくりを考える一〇冊

家を建てることを決意した私が、五〇冊以上の本を読んだ中から、どんなに忙しい人でもこの一〇冊は読んでからスタートした方がいいのではと思う本を紹介します。基本的なところで間違わないためには、ダマされないためには、いらないコストをセーブするためには、〝自分自身の基本スタンス〟を固めておくことが必要です。いわゆるノウハウ本の類は含みません。切り口は違えども、すべて「人間と家の新しい関係」を考える哲学にまで及んでいるものばかりです。「家を建てるということ」を深く考えていくと、自分がどんなライフスタイルをしていて、それをどんな風に変えたいと思っているかが明らかになります。一緒に暮らしている家族の生活のリズムやクセの数々も並べてみなければ自分の家族にあった設計はできないでしょう。毎日顔を合わせていて性格を熟知しているはずの妻や夫が、家をつくるという現実を前に一体どんな人なのかが改めてあからさまになり、夫婦の溝がかえって深まったりもするかもしれません。家づくりはまさに、個人の人生と生活態度を徹底的に試される場。以下の本を私の『月刊ハウジング』(リクルート発行)での連載「ダマされない家づくり」同時レポートとともにお楽しみ下さい。

まず、業界で最近話題になった二冊をサラッと飛ばし読みしてみることを薦めます。シックハウスの問題や、ニッポンの家族と住宅問題について、この二冊でざっと鳥瞰してみることができるでしょう。

1『世界でいちばん住みたい家』赤池学・金谷年展著、TBSブリタニカ 北海道の異色ハウスメーカー「木の城たいせつ」(山口昭社長)の家づくりに対する哲学と方法をユニバーサルデザイン研究所の科学的な実験結果と織りまぜてドキュメントしたもの。ホルムアルデヒドやVOCなど家の中に発生する公害問題とその対策を先駆的に扱っている。私はこれを読んですぐに山口社長に会いに行ったのだが、ハーバード大などの英知を集めて地域にあった家づくりを追求する姿勢には、地場密着型の新しいタイプのベンチャー企業の芽を感じた。

2『「家をつくる」ということ』藤原智美著、プレジデント社　芥川賞作家の藤原智美氏がミサワホームに取材しながら「家をつくる」ということの本質に迫っていくレポート。多くの施主は住宅展示場でモデルハウスを見るときリビングルームの吹き抜けや豪華なインテリアに酔いしれ〝アットホームな「家族団らん」〟をイメージする。が、調査してみると日本の家族はリビングでの滞留時間が意外と短く「家族団らん」の機会も一貫して少なくなっていることが明らかにされる。私にリビングルームはいらないと決意させた本。

　次に、家を建てようとする人が基本設計に入る前に読んでおきたい本を五冊紹介します。ここでは〝家を建てるということは一体どういうことなのか〟をおぼろげに掴むことを目的とします。常識の嘘や、いらない先入観や中途半端な知識をまず一旦かなぐり捨てて、この五冊を哲学的に読むと、自分の建てる家に対する〝構え〟のようなものができると思います。

3『それでも建てたい家』宮脇檀著、新潮社　イヤと言うほど注文住宅をつくってきた建築家の視点から、ホンネの家づくりが語られる。建築家というのが、どんな視点でものを見る、どういう種族の方々なのかということが分かる一方で、むしろ〝施主〟（建築家に設計を依頼する私たちの方）というのは〝どんな種族の人でありがちなのか〟が浮き彫りにされる。

4『わが家の新築奮闘記』池内了著、晶文社　宇宙物理学者である著者が、一から家を建てる過程をドキュメントしている。結局どんな家をどんな予算で建てたのかという実際の間取りとかかったお金の話は最後までないのだが、家を建てる過程で、施主はどんなことを考え、どんな葛藤を経験するのか、夫婦の意見の相違はどの辺に生まれるのかシミュレーションすることができる恰好の教材。太陽光発電や雨水利用、自然素材の活用などをファッションとしてただ取り込むのではなく、科学している。

5『本気で家を建てるには』村瀬春樹著、新潮社　『月刊ハウジング』（リクルート発行）の「住宅批判宣言」をもとに書き下ろされた。エッセイ部分はもちろんサビが効いているのだが、各項に加えられたデータ部分がなかなか客観的で参考になる。

6『木のいのち　木のこころ』西岡常一著、草思社　薬師寺などの再建や改修を手がけた〝最後の宮大工棟梁〟として有名な西岡棟梁が〝木〟と〝建築〟について、自らの人生の来し方を織りまぜながら語りおろす。子供の教育論としても読める最高の哲学書。いわく「(世の親は) この子は頭が悪いから大工にでもしましょ、てなことを言いまっしゃろ。それは考え違いでっせ。初めから自分で学ばならんのです。出来が悪かったら、まあ学校にでも行って、会社に入ったほうがいいですな。組織のなかやったら少しばかり根性なしでも首をすくめていたら何とかなるでしょ」「均一の世界、壊れない世界、どないしてもいい世界からは文化は生まれませんし、育ちませんわな」「(学者の方々は) 体験や経験を信じないんですな。本に書いていることや論文の方を、目の前にあるものより大事にするんですな」。痛烈な現代文明批判でもある。

7『住まいと暮らしの文化考』古館晋・隅野哲郎著、大阪ガスエネルギー文化研究所

というところまでで自分自身の〝住まいに対する構え〟が定まってきたら、基本設計に入りながら次の三冊のような具体論を読みます。ケースやノウハウに関する本は三冊も読めば十分だと思います。それ以上読み漁ってもキリがないし、だんだん混乱してくる。第一、つくろうとするのは誰かの人生を営むのにピッタリはまった〝他人の家〟ではなく、自分と家族の特有の人生を時とともに刻み込むための〝自分の家〃なのですから。結局私の結論は、「最初につくり過ぎてはいけない」です。

8『間違いだらけの住まいづくり』吉田桂二著、彰国社

9『マンガ　はじめての家づくり』村瀬春樹・中尾佑次著、講談社

10『家づくり　その前に』女性建築技術者の会著、三省堂

これは同じ著者による住まいのプラン集『ダイニング&キッチン』女性建築技術者の会著、(財)経済調査会のシリーズ。他に「サニタリー」「子供部屋」「収納スペース」など、女性建築士が設計した住まいのプラン集だ。間取り図のように上から見ただけでは分からないような空間構成上の様々なアイディアを豊富なイラスト入りで紹介している。私は図書館でこの本のシリーズを見つけたのだが、ナルホド！と思ったところに付箋を貼ってコピーし、アイディアを妻と共有する方法を採った。写真で見るとインテリアのデザインにダマされやすいものが、シンプルなイラストだと、かえって空間の活かし方をより素直に把握できる。綺麗に見えるものには嘘がある。

㉖転職しようと思ったときに読む本――仕事の本質を考える一〇冊

1『ピーターの法則』L・J・ピーター著、ダイヤモンド社　「パーキンソンの法則」と並んで有名な法則。組織に属していると偉くなるほどマネジメント上の無能をさらけ出すリスクが高まるので〃創造的に〃無能を装って現場に留まりハッピーに仕事をし続けることを説いている。

2『たった一人が世界を変える』轡田隆史編、同朋舎　新聞配達の仕事をする男がひとり谷津干潟のゴミ拾いを始め、来る日も来る日も流木やゴミで汚れた浜を片付け続けた結果、誰からも見捨てられていた干潟に野鳥が再び帰ってくる。やがて地域の住民にもゴミ拾いの輪が広がり〃生きた〃干潟に甦った浜は「ラムサール条約」によって自然保護区に指定される。

3『自由からの逃走』E・フロム著、東京創元社　通常私たちは、現在の会社の束縛や上司の無能や同僚の嫌がらせや、あるいはルーティンワークのつまらなさや毎朝の通勤ラッシュのムカツキから逃れるために、いいかえれば〝自由になるために〟会社を辞めたり転職したりする。が、そうして自由な身となったあとの孤独と恐怖については考えもしない。自由というものの恐怖がファシズムを生む結果につながることもある。

4『ぼくは　くまのままで　いたかったのに……』J・シュタイナー文／J・ミュラー絵、ほるぷ出版　子供のために描かれた絵本なのに、なぜかサラリーマンを長く続けて自分を見失ってしまった私がふと我に返ることができた本。小さな子どものいる人は夜傍らに寝る子に読み聞かせながら、自分自身に読み聞かせてあげるといい。

5『蕎麦打』加藤晴之著、筑摩書房　イタリアはジウジアーロのオフィスでデザインを学び、ソニーのプロフィール（TVディスプレイ）の開発に参加後、突如として一介の〝蕎麦打ち〟になった著者のドキュメント。私の友人でもあるのだが、最近はとんと蕎麦も打っていないらしい。しばらく〝波動〟の世界に熱狂したあと、どうしているのだろうか。

6『夜の旅人』阿刀田高著、文春文庫　ある実業家が〝ゲーテ〟と出会い、人生の目的が金儲けから転じてゲーテの残したものの追求になってしまう話。自分の開発した商品の行商のついでにゲーテ作品の名の付いた喫茶店のマッチからドイツで上演された戯曲のシナリオまで日本中を探し歩く旅をした実在の人物の小説化。粉川忠氏の人生の足跡はいまも、王子の丘の上に東京ゲーテ記念館として残る。私はリクルート事件のマスコミによるバッシングがピークの時に粉川氏を訪ねたのだが、「こんなことで負けちゃあいけませんよお。あなたの仕事は次の時代を拓くのに大事なんだから」と一貫して励ましていただいた思い出がある。

7『主婦会社』下田博次著、コスモの本　主婦が自分の思いを素直にカタチにして起業する時代。ボランティアでのリサイクルが高じて地球環境と共生を考えるリサイクル会社になってしまったり、自分の息子のための教育をまじめに考えた末に自分で学校を設立し校長になってしまったり。男（特に日本の官僚や自分自身に生きてる実感のない企画系の人々）はとかく〝ベンチャー〟などという無理のある言葉で抽象的な起業を語りがちなのだが、女性はもっと素直に、もっと力強く現実的なものを起業しているのです。

8『自動起床装置』辺見庸著、文春文庫　芥川賞だか直木賞だか忘れたが、辺見氏のデビュー作ではなかったか？　ただ単に〝朝早く人を起こす〟という単調な仕事に潜む〝底知れぬ奥行き〟を、見事に描ききった作品。

9『興信所』露木まさひろ著、朝日文庫　表があれば裏もある。人間の裏側の人生や素行を調査する仕事のオモロさと悲しさの実際を描く。自分自身のことを調査して欲しいという依頼人が後を絶たないほど一人一人の存在感が希薄になってしまった現代。「興信所」（＝探偵社）はいま、ファッションかもしれない。

10『ゴミ屋の記』木村迪夫著、たいまつ新書　私はこの業に計り知れない将来性を感じる。

㊂子供が小学校に入ったら読む本――日本の教育を考える一〇冊

1『最初の選択』鳥居晴美著、悠飛社　長男にとって理想的なファーストスクール（幼稚園）を探し歩いた末に結局見つからず、自分でつくってしまった母親のドキュメント。ユニダ・インターナショナル・スクール設立から子供地球基金というNGO誕生まで、母はここまで強くなれる。

2『あなた自身の社会―スウェーデンの中学の教科書』川上邦夫訳、新評論　スウェーデンの中学校では〝社会科〟をこのように教えている。事件を起こして裁判を受けるケーススタディやホモ・セクシャルに関する解説など、中学生を一人の個人として自立させようとする意欲が感じられる。私はこの本に刺激を受けて『よのなか』の第二弾でもある『ルール』（ともに筑摩書房）を著した。

3『0（ゼロ）の真ん中』時任三郎著、主婦の友社　タレント本だと思って読んだ人は、この人物のバランス感覚と自然や人間に対する素直な感性に圧倒されるだろう。子供を生み育てることについても、超多忙の著者がニュージーランドで家を借りてまで自然分娩に立ち会う様が描かれる。三人の子の出産に立ち会い、次男は助産婦だけで長男も見ている前で家庭分娩、長女にいたっては自分で取り上げてしまった経験を持つ私は十分に共感できた。時任氏は自ら「SUBNET」というサイトを制作・管理している。

4『学校を基地にお父さんのまちづくり』岸裕司著、太郎次郎社　公立の小学校の教育に、地域社会、特にお父さんたちがどう貢献できるのか、秀逸な具体例を示したヒューマン・ドキュメント。やはり教育委員会とのゴタゴタはあったらしいが、学校が校長のリーダーシップで地域に向かって開いていけば、父兄や地域住民の生涯学習もからめて、大人と子供がともに学べる学習センターになれる可能性を示している。「親の学ぼうとする姿そのものが、子供にとって最高の教材だ」という言葉が印象的。ちなみに、この学校の〝ウサギ小屋〟も〝図書館〟も、お父さんたちのボランティアで子供達と一緒になって造られた。

5『バイキンが子どもを強くする』藤田紘一郎著、婦人生活社　バイ菌や雑菌を過剰にまで排する世の中の傾向が、逆に子供達に本来備わっている抵抗力や生きるチカラを弱めてしまっていることを指摘している。回虫が子供達のお腹からいなくなって、アトピーなどのアレルギーが増えてきたことをデータで示しながら、親たちの過剰な清潔癖に対して警告する。著者は自ら、お腹に住むサナダムシの〝キヨミちゃん〟とともに健康に暮らしているそうだ。

6『子どもたちはなぜキレるのか』斎藤孝著、ちくま新書　教育改革の方向性については、とかく総合学習などの余裕のある時間設定や創造性重視の柔軟なプログラム改正が叫ばれるが、著者は、日本の社会が戦後一貫して家庭でも学校でも失ってきた正しい〝身体〟マネジメント教育の復興を説く。日本固有の〝腰肚文化〟（はらをくくる、はらを据える、腰がすわる、腰を落ちつける）と胆力、根気の関係を説き、身体性から〝生きるチカラ〟を評している。

7『なみにきをつけて、シャーリー』J・バーニンガム作、ほるぷ出版　親と子がいかに血のつながったもの同士でも、どんなに「あの子のことは私が一番よく知っている」と思っても、目の前にある現実を全く違った感性で、それぞれがそれぞれの脳に刻み込んでいるかがわかる。「ひとはみな、違う現実を生きている」ことがやさしくわかる絵本。

8『人間を幸福にしない日本というシステム』C・V・ウォルフレン著、毎日新聞社　みんなわかっているのだが、〝外人〟に改めて言われないとわかった気がしない。「わかっちゃいるけど、やめられない！」という誰かの鼻歌が聴こえる。

9『ダウン症の子をもって』正村公宏著、新潮社　イタズラ盛りの子をもつ親は、本当に疲れるもの。ときにはコップに八つ当たりして台所のシンクに投げつけて割ってしまいたいこともあるし、ちょっくらキレてしまって、思いきり息子の尻をひっぱたくときもある。しかし、このドキュメントの親よりは、楽なのだろうと素直に思う。こんな風だったら、自分は果たして耐えられるだろうか。逆に、健常なことでかえって親子の絆が薄まってしまっているのが、現代の親子の問題なのかもしれないとも思えてくる。

10『きのくに子どもの村』堀真一郎著、ブロンズ新社　こんな学校があっていいのだろうか。文部省や教育委員会は認めるのだろうか。続けていくことは可能だろうか。あらゆる疑問が湧いてくる。だから私は実際に妻をともなって、和歌山の田舎を訪れた。学年をつくらず縦割りでテーマ別に構成されたクラス〝工務店〟組は来る日も来る日も校庭に来客用のレストラン棟を建築しながら、その設計を通じて幾何や数学を、材料の買い出しで社会を、加工で理科を、建築日誌で国語を、自分のものにしてゆく。先生は地元の大工さんだ。さて、どんな大人が育つのだろうか？　答えはまだ出ていない。

☺ 親が寝たきりになる前に読む本――老人介護と医療福祉を考える五冊

1『ボケません　私の老後』高槻絹子著、こうち書房　浜松医療センターで開発された〝浜松方式〟を紹介。「かなひろいテスト」でボケの段階を知る方法の他、前頭葉の機能にかかわる生きがいと感動がボケ